장-자크 루소

"지금, 여기"를
다시 묻는다

오늘을 비추는 사색

Jean Jacques

장-자크 루소

구외세 순지도 | 전경아 옮김

까치

"지금,

여기"를
다시 **묻는다**

Rousseau

IMA WO IKIRU SHISO : JEAN-JACQUES ROU-
SSEAU 「IMA, KOKO」WO TOINAOSU 今を生きる思想
ジャン＝ジャック・ルソー「いま、ここ」を問いなおす

by Kuwase Shojiro 桑瀬章二郎

옮긴이 전경아(全俓芽)

중앙대학교를 졸업하고, 현재 번역 에이전시 엔터스코리아 출판기획
및 일본어 전문 번역가로 활동하고 있다. 주요 역서로『미움받을 용기』
1-2권,『일과 인생』,『지금이 생의 마지막이라면』,『너무 신경썼더니 지
친다』,『아직 긴 인생이 남았습니다』등이 있다.

편집, 교정_ 권은희(權恩喜), 김미현(金美炫)

장-자크 루소 : "지금, 여기"를 다시 묻는다
저자/구와세 쇼지로
역자/전경아
발행처/까치글방
발행인/박후영
주소/서울시 용산구 서빙고로 67, 파크타워 103동 1003호
전화/02·735·8998, 736·7768
팩시밀리/02·723·4591
홈페이지/www.kachibooks.co.kr
전자우편/kachibooks@gmail.com
등록번호/1-528
등록일/1977. 8. 5
초판 1쇄 발행일/2024. 9. 5

값/뒤표지에 쓰여 있음
ISBN 978-89-7291-853-0 04160, 978-89-7291-847-9 (세트)

차례

들어가는 글

장-자크 루소는 도대체 어떤 사람인가.

이 책에서는 최대한 간단하면서도 심도 있게 그 사상의 독창성이 어디에서 나왔는지를 차근차근 살펴보려고 한다.

루소 하면 18세기에 활약했던 "과거"의 인물이라는 이미지가 떠오른다. "근대"를 준비한 인물이자 『사회계약론*Du Contrat Social*』으로 근대 인민주권 이론을 펼친 사상가. 『에밀*Émile, ou De l'éducation*』을 통해서 근대 교육의 문을 연 이론가이자 『고백*Les Confessions*』을 통해서 "나"라는 존재를 깊이 사유한 저술가. 혹은 전체주의로 가는 위험한 길을 개척한 사상가. 남성성/여성성이라는 억압적 분류를 만들어낸 차별적 이론가. 자신의 다섯 아이를 "버린" 부끄러운 행동을 폭로한 자의식 넘치는 작가……. 긍정적이든 부정적이든 파악이 쉬운 이미지이다.

루소,
이 이해하기 어려운 인간

이런 이미지들 중에서 그 어느 것도 완전히 틀린 것은 없다. 심지어 부분적으로는 옳다고도 할 수 있다.

　루소의 사상에 관해서는 오늘날의 연구자들 사이에서도 단 하나의 상식적인 해석이라는 것이 없다. 오히려 그 사상을 둘러싸고 여전히 해석들이 격렬하게 대립하고 있다. 루소라는 인물을 어떻게 평가해야 하는가. 그 저작을 어떻게 읽어야 하는가. 이는 270여 년 전 그가 프랑스의 "지식인 사회"에 화려하게 등장한 이래 현재까지도 계속되는 의문이다. 이렇게 루소라는 인물과 사상은 늘 다양하면서 때로는 대립하는 해석의 대상이 되어왔다.

무릇 고전 작품이라고 하면 시대와 논자의 입장에 따라 다르게 읽히는 것이 당연하다고 할지도 모른다. 그 말도 맞다. 하지만 루소의 경우는 조금 특별하다. 엄밀한 철학적 고찰은 물론이고 얼핏 보기에 단순한 기술조차 다양한 해석을 낳았고 지금도 낳고 있기 때문이다. 루소가 쓴 글은 겉보기에는 매끄러워 보이지만 실제로는 질감이 거칠어서 읽다 보면 난반사같이 다양한 반향이 생긴다. 그리고 독자는 때로는 그 눈부심에 당황하고 현혹되고 동요하고 불안해한다.

이 책에서는 이런 특이한 루소 작품의 대략적인 개요를 파악하고 그 작품이 탄생한 내막을 살펴보려고 한다. 루소라는 사상가도 그의 작품도 정말로 이질적이다. 여전히 수수께끼로 남아 있는 부분도 많다. 그래서 거기에 접근하려면 특별한 방법이 필요하다. "서문"에서는 먼저 루소의 작품이 이상한 구조로 되어 있음을 확인하는 작업에서부터 시작하려고 한다.

"지금, 여기"에서
루소를 읽는 의미

나아가 이 책은 지금, 여기에서 루소의 작품을 어떻게 읽으면 좋은지도 보여주려 한다.

과거의 사상을 현재 상황에 적용하려면 세심한 주의가 필요하다. 이는 사상사와 역사 연구의 상식이다. "옛" 사상가의 작품을 현재에 적용하게 되면 시대착오(아나크로니즘)를 일으킬 위험이 곳곳에 도사리고 있기 때문이다. 게다가 늘 해석이 대립했던 사상가 루소와 그 작품을 대상으로 하는 경우에는 위험성이 더 높다. 그럼에도 군이 현재에 적용하는 길을 몇 가지 제시해보려고 한다.

그 이유는 무엇인가?

루소가 몇 가지 큰 "질문"을 던지고 그 답을 구하려고 했기 때문이다. 인민주권을 말할 때, 무릇 "인민"이란 무엇이며 "주권"이란 무엇인가. 아이의 교육을 말할 때, "교육"이란 무엇이며 교육받는 "아이"란 무엇인

가. "나"를 말할 때, "자아"란 무엇인가. 그뿐만이 아니다. "정치"란 무엇인가. "자유"란 무엇인가. "불평등"이란 무엇인가. "사랑"이란 무엇인가. "욕망"이란 무엇인가. "성"이란 무엇인가. "학문"이란 무엇인가. "예술"이란 무엇인가. "언어"란 무엇인가. "행복"이란 무엇인가……. 어느 질문이든 너무나 크고 광범위해서 우리가 묻지 않아도 당연히 알고 있다고 여기고 "다시 묻기"를 피해온 질문이다.

그런데 루소는 이러한 "질문들"과 씨름했다. 물론 그가 살았던 시대의 "지식"의 틀이 현재의 틀과 전혀 달라서 가능했는지도 모른다. 우리에게 세계를 거시적으로 바라보려고 하는 "종합적인 지식"은 불가능할 뿐만 아니라 위험하기도 하다. 하지만 그러한 탐구를 통해 그는 시대를 대표하는 작품을 여러 권 탄생시켰고, 그 작품들이 쭉 읽혀왔다. 이것은 부정할 수 없는 사실이다.

말할 것도 없이 루소의 고찰이 전부 "옳은" 것은 아니다. 개중에는 웃음이 나올 만큼 어이없는 내용도 있거니와 아주 위험해 보이는 생각도 있다. 당연히 그러한 것에는 시대적 제약도 있었을 것이다. 그럼에도 그는 이러한 큰 "질문"을 근원적으로 탐구하고자 했다. 특이한 관점에서 접근하려고 했다.

자명하다고 믿었던 상식이 근저에서 흔들리고 "근대"의 수많은 이론들이 차례차례 깨진 지금, 앞에서 소개한 질문들과 씨름했던 루소를 참조하는 일의 의미는 작지 않을 것이다. 우리 자신이 그러한 질문을 정면으로 마주할 수 없다고 해도, 루소의 고찰 속에서 우리가 처한 상황, 혹은 현대 사회의 문제를 생각해보는 실마리를 찾아볼 수는 있을 것이다.

이 책의 목표는 무엇인가

그러려면 그의 사상적 발자취와 여러 지식 분야에 걸친 작품을 주의 깊게, 말하자면 여러 분야에 걸쳐 살펴보아야 한다. 그가 남긴 수많은 작품들은 서로 밀접하게 관련이 있으며, 루소라는 한 인간은 그 사상과 불가분의 관계라고 그 자신이 강력하게 주장했기 때문이다. 이는 그 자체로 아주 특별한 주장이다.

물론 정치, 자유, 학문, 교육, 어린이, 나, 자아, 욕망, 성, 언어 등이 밀접하게 연결되어 있음은 우리도 알고 있다. 다만, 거듭 말하듯 현재의 지식 틀은 그런 연결을 의식하고 포괄적으로 사물을 생각하는 대신, 관심의 중심에서 출발하여 어떤 현상을 면밀하게 사고하도록 우리에게 촉구한다. 나도 그 말이 맞는다고 생각한다.

그러나 우리가 사고의 틀 자체를 의심하는 시기에 접어들었다면, 큰 질문을 근원에서부터 이리저리 연결하여 생각해보려고 했던 루소의 작품이 우리에게 생각지도 못한 참신한 시점을 안겨줄 것이다. 그러한 구체적인 예를 실제로 몇 가지 보여주려고 한다.

지금까지 이 책이 앞으로 어떻게 나아갈지를 설명했다. 하지만 이것만으로는 아직 막연하며, 우리가 가려는 길이 잘 보이지 않을 것이다. 그래서 "서문"에서는 루소가 지적으로 각성한 시기를 간략하게 살펴보고 그 방법을 구체적으로 확인해보고자 한다.

서문

루소를 읽기 위하여

생애

장-자크 루소는 1712년에 오늘날의 스위스 제네바에서 시계 제조업자 이자크 루소Isaac Rousseau의 둘째 아들로 태어났다. 당시 출산은 어머니와 아이 모두에게 매우 위험한 일이었는데, 루소의 어머니는 지속열이라는 산욕열의 일종에 시달리다가 그를 낳은 지 열흘 만에 세상을 떠났다. 홀로 남은 루소는 어머니를 대신하여 집안 살림을 맡은 숙모에게 맡겨졌고 유모의 손에서 자랐다.

아버지 이자크는 변덕스럽고 말보다 주먹이 앞서는 인물이었던 것 같다. 장-자크가 열 살 때, 어느 퇴역 대위와 사건을 일으키고 법원에 출두하라는 명령을 받았으나 이를 거부하고 아이들을 놔둔 채 니옹이라는 마을로 도망치고 만 것이다. 장-자크는 하는 수 없이 보세이라는 마을에 위치한 랑베르시에Lambercier 목사의 집에 맡겨졌다. 수년간 그곳에서 살다가 제네바의 외숙부 집으로 돌아와 처음에는 서기관 밑에서 일을 했으며, 그후에는 조각가 밑에서 도제로 일했다. 그리고 1728년 스승의 품을 떠나 고향 제네바에서 도망쳤다. 이렇게 루소는 열여섯도 되지 않은 나이에 수중에 일도 없고 지식도 없고 의지할 사람도 없는 상태에서 거의 무일푼으로 조국을 떠난 것이다.

방랑하는 동안 그는 한 사제를 만나 그의 권유로 개신교에서 가톨릭교로 배교, 개종하는 과정에 몸을 맡긴다. 그 사이 루소는 훗날 "운명의 사람"이라고 말한 바랑 부인Madame de Warens을 만나고 현재의 이탈리아 토리노에서 개종하는데, 이로써 제네바 시민권을 잃은 루소는 각지를 전전하는 생활을 시작한다. 일련의 사건들이 벌어진 주요 무대는 당시 유럽의 국제 정치 측면에서도, 종교제도 측면에서도 아주 복잡한 상황에 놓여 있었던 사르데냐 왕국이었다. 그러다 1731년, 루소는 현재의 프랑스 동부의 도시 샹베리에 살고 있던 바랑 부인과 함께 살기 시작한다. 어린 시절부터 독서광이었던 그는 방랑 생활을 하는 동안에도 지적 호기심을 자극받았던 것 같지만, 이때를 기점으로 본격적으로 지적 자각을 하게 된다.

루소는 거의 모든 것을 독학으로 배웠다. 가장 먼저 빠진 것은 음악이었다. 그는 음악을 좋아해서 유랑을 하는 와중에도 멋대로 음악가를 자처하며 아직 잘 모르는 이 예술을 가르친 적도 있었다. 하지만 이번에는 임하는 태도가 달랐다. 음악에 푹 빠져서 진짜로 음악가가 되기를 꿈꾸었고, 실제로 "프로"에게 배우려고도 했다. 그러나 일은 계획대로 되지 않았다. 조금 앞선 이야기이지만, 루소는 파리의 지식인 사회에서 일단 음악가로서 성공하자는 목표를 세우게 된다.

문예와 학문에 대한 관심도 차츰 높아지자, 이때도 역시 독학으로 학문을 익히려고 분투하기 시작했다. 1736년 무렵의 일이다. 그 모습은 「바랑 남작부인의 과수원*Le Verger de Madame la Baronne de Warens*」이라는 초기의 간행물(시) 안에 묘사되어 있다. 존 로크John Locke, 니콜라 말브랑슈Nicolas Malebranche, 고트프리트 라이프니츠 Gottfried Leibniz, 르네 데카르트René Descartes, 대大철학자 플라톤Platon, 플리니우스Plinius, 요하네스 케플러Johannes Kepler, 아이작 뉴턴Isaac Newton, 필리프 드 라 이르Philippe de La Hire, 조반니 카시니Giovanni Cassini 같은 고명한 학자, 나아가서는 장 바티스트 라신Jean Baptiste Racine, 베르나르 퐁트넬Bernard Fontenelle, 볼테르Voltaire 같은 수많은 위대한 작가 등 고금의 위인들과 씨름하는 새내기 학자 장-자크 루소의 모습을 그 안에서 볼 수 있다.

이 시기에 루소가 사고 판 책에 대한 기록이 남아 있다. 거기에는 수학 관련 책 여러 권, 키케로 등의 고전, 역사서, 신문, 당시의 필독서와 화제의 책이 줄지어 있어, 지식의 모든 영역에 발을 들여놓고 모든 것을 흡수

하겠다는 야심이 엿보인다.

1740년, 루소는 프랑스 리옹으로 출발했다. 명사 가브리엘 마블리Gabriel Mably 집안의 가정 교사 자리를 구해 두 명의 어린아이를 가르치게 된 것이다. 하지만 교사로 일을 시작한 지 1년 남짓 만에 그는 다시 샹베리로 돌아온다. 그리고 마침내 부와 명성을 얻기 위해서 파리로 출발하게 된다.

다가가기 어렵지만
재미있는 루소

지금까지 루소의 탄생부터 지적으로 각성한 시기까지 빠르게 훑어보았다. 그런데 이렇게 얼핏 보기에 단순하기 짝이 없는 전기적 사실을 두고도 다양한 해석이 존재한다. 이 점이 바로 사상가 루소를 다룰 때의 특수한 어려움이자 즐거움이다. 아니, 현대성이라고 해도 좋으리라.

애초에 사상가나 철학자를 알기 위해서는 어디까지나 그들이 써놓은 것(텍스트)과, 그들이 어떤 인물이었는가가 중요하며, 그들이 어떤 인물이었는지, 어떤 "삶"을 살았는지 등은 부차적인 문제에 지나지 않는다는 입장이 있다. 이것도 정당한 입장이다.

그런데 이런 입장에 있으면 루소에게 제대로 접근할 수가 없다. 그 이유로는 몇 가지가 있다. 주된 이유는 루소 스스로가 수많은 변명적 저작과 자전적 저작 등을 집필했고, 그 안에 자신의 삶과 작품, 사상의 관계를 너무나도 자세히 설명했기 때문이다. 그 관계에 대해 본인 스스로 특이한 해석을 내놓은 것이다. 이 점에 관해서는 제4장에서 생각해보기로 하고, 여기에서는 이 문제를 다른 각도에서 구체적으로 검토해보자. 한마디로 말해서, 훗날 루소 자신의 설명을 참조하지 않더라도, 역시 그의 저작에는 그의 "삶"이 짙게 투영되어 있구나, 그런 소박한 의문이 들도록 책이 쓰인 것 같다는 말이다.

제네바 공화국 시민이라는 점

앞에서도 보았듯이 루소는 오늘날의 스위스 제네바에서 태어났다. 정확히 말하면 도시국가 제네바 공화국에서 태어났다. 공화국이라고는 해도 인구는 2만 명 언저리였고, 인구가 극적으로 증가한 18세기 말에도 3만여 명이 고작인 작은 나라였다. 이곳은 스위스 연방(서약동맹)에도 속하지 않았고, 무엇보다 프로테스탄트의 땅이었다. 역사적으로도 지정학적으로도 매우 복잡한 지역이라는 뜻이다. 상공업으로 번영했지만 프랑스와 같은 대국에 비하면 잘산다고는 할 수 없었다. 화려함과 사치를 금하는 사치금지법 때문에 극장 운영도 금지된 곳이었다.

프로테스탄트 공화국이 된 이래, 제네바는 다양한 변혁을 겪으며 고유의 정치제도를 갖춘 특이한 상황에 놓여 있었다. 이 나라에서는 2,000명이 되지 않는 극소수의 "시민(구시민)"과 "도시민(신시민)"이 정치적 권리와 경제적 특권을 독차지했다(루소는 "시민"으로 태어났다).

공화국의 지도기관으로는 집행권을 가진 25명의 집행관으로 구성된 소평의회(소시참사회)가 있었으며, 중요 안건에 대해 의견을 표명할 권리를 가지는 자문기관으로 "200명 회의(참사회)"가 있었다. 그런데 17세기 무렵부터 몇몇 명문가가 문빌을 형성하고 주요 정치세력과 부의 분배 권리를 독차지하려고 했다. 과거에 모든 시민이 참여했던 시민총회는 유명무실해지고 대립의 장이 되었다. 또한 시민과 도시민 사이에서도 분단과 대립이 일어나서, 급기야 1734년에는 다수의 사망자가 나오는 큰 소란이 벌어지기도 했다.

"제네바 **시민**, 장-자크 루소"라고 보란 듯이 서명한 작품에서 그가 정치를 고찰할 때, 때로는 이상화하고 때로는 현실을 우려하며 반복해서 참고한 것이 바로 이 작은 제네바 공화국, 즉 혁명의 "실험실"이라고 불릴 정도로 격동을 겪던 도시국가이자 정치 체제였다(『사회계약론』에서는 이곳을 본보기로 꼽고 "입법자"로서의 칼뱅을 칭송한다). 그렇다면 이념과 현실, 현실과 이념의 관계를 도대체 어떻게 생각해야 하는가. 실제로 루소가

목격한 제네바와 정치적, 철학적 고찰을 위해서 루소가 **묘사한** "자유"와 "평등"의 땅 제네바는 어떤 관계에 있는 것일까.

설령 제네바를 이상화한다고 해도 그것은 오늘날 우리가 빠지는 자국 중심주의와 자기집단 중심주의와는 전혀 달랐을 것이다.

수수께끼에 가득 찬 삶
| "버림받은 아이 사건"과 바랑 부인

루소에게는 그 밖에도 많은 수수께끼가 있다. 여전히 풀리지 않는 의문이라고 해도 좋을 듯하다. 이야기하자면 끝이 없지만, 여기서는 구체적인 예로 두 가지 수수께끼를 살펴보고자 한다.

① "아버지"

이미 살펴보았듯이 어린 장-자크 루소는 다혈질에 실

제로 당국으로부터 유죄 판결을 받은 아버지에게 "버림받았다". 방랑 생활을 하던 곤궁한 시기에도 루소는 재혼 후 니옹에서 살던 아버지를 몇 번인가 만나러 갔었다. 하지만 1731년에 다시 만나러 갔을 때 둘의 관계가 최악으로 치달으면서 아버지에게 매몰차게 버림받은 것 같다. 이 만남 후에 아버지는 그를 "더 이상 자기 자식으로 생각하지 않는다"고 선언했고, 그는 비통해하며 아버지에게 편지를 썼다. 그후에도 루소는 어머니의 유산을 둘러싸고 아버지와 계속해서 대립했다. 하지만 그는 그런 아버지를 주요 작품 안에 반복적으로, 극단적으로 이상화하여 그렸다. 루소가 미화된 아버지를 등장시킨 의도는 과연 무엇이었을까?

이것도 미리 설명하자면, 파리에서 살기 시작한 루소는 테레즈 르바쇠르Thérèse Levasseur라는 여성과 만나 살림을 차렸다. 1745년 무렵의 일이다. 그리고 평생의 "반려자"가 된 테레즈와 5명의 아이를 낳았으나 5명 모두 고아원에 "버렸다". 어느 역사가에 따르면 당시 프랑스에서는 고아원에 "버림받은" 아이의 수가 폭발적으로 증가하여 1772년에는 40퍼센트를 넘는 신생아가 버림받았다고 한다. 하지만 그런 시대 상황을 고려한다고 해도 『에밀』을 비롯한 작품 안에서 "아버지"의 **이상적인** 모습과 "아버지의 의무"에 대해 말했던 루소가 벌인 이 사건이 과연 쉽게 정당화될 수 있는 것일까(루소는 『에밀』의 서두에서 이 "과오"를 독자에게 암시한다)?

앞으로 천천히 살펴보겠지만, "아버지"와 "가족"은 루소의 사상에서 매우 중요한 개념이다. 그렇다면 이 개념을 순수하게 이론적 구축물로 보아야 할까? 이론적 구축물이라고 하면 그가 벌인 일들은 도대체 어떻게 평가해야 할까? 그전에, 그런 루소라는 인물을 어떻게 바라보아야 할까(현재라면 "한 방에 아웃"이다)? 이렇게 무수한 질문들이 차례로 떠오른다.

② **바랑 부인**

또 하나 알기 쉬운 예가 바랑 부인과의 관계이다.

루소는 『고백』이라는 자서전에서 이 여성과의 관계에 대해서 자세히 이야기한다. "영혼의 공감"이라면서. 둘이 처음 만났을 당시 장-자크는 아직 열여섯 살이었고, 1699년에 태어난 바랑 부인은 20대 후반이었다. 본인이 벌인 사업이 파산해서였을까, "가정 내의 심통"이었을까(열네 살에 결혼했다), 부인은 루소를 만나기 2년 전에 재산을 들고 도망친 뒤, 안시의 성모 방문회에서 가톨릭으로 개종했다. 그리고 이미 "애인" 중 한 명이었던 클로드 아네Claude Anet라는 남자 하인과 살던 샹베리의 집에서 루소를 맞이했다. 1731년의 일이다. 이듬해, 루소와의 관계는 그의 표현에 따르면 "근친상간" 같은 육체관계로 변했고, 장-자크는 부인의 몸을 아네와 "공유하게" 되었다. 수년 후 아네는 수수께끼 같은 죽음을 맞는데, 자살이었을 가능성이 높다. 그로부터 다시 수년이 지나 이번에는 루소가 첫 번째 "애인" 자리를 다른 남자에게 빼앗긴다. 부인은 차츰 루소를 멀리하고 루소는 집 안에서 고립되어 마침내 집을 떠나기로 결심한다.

사람들이 자주 간과하는데, 루소는 "여성"과 "연애" 이론의 대가이기도 했다. "사랑"의 사상사와 철학사에서 그 이름이 거론되지 않은 적이 없다. 이 점에 관해서, 특히 18세기 후반부터 낭만주의의 시대에 이르기까지 루소의 영향력은 절대적이었다. 제2장에서 보겠지만, 그 영향력은 『에밀』, 『공연에 관하여 달랑베르에게 보내는 편지*Lettre à M. D'Alembert sur les Spectacles*』(이후로는 『달랑베르에게 보내는 편지』라고 표기한다) 같은 작품, 그리고 특히 세기의 베스트셀러가 된 연애소설 『쥘리, 신 엘로이즈*Julie ou la Nouvelle Héloïse*』(이후로 『신 엘로이즈』라고 표기한다)에서 기인한다.

그런데 『고백』에서 루소는 바랑 부인을 수많은 작품에서 구축한 여성관과는 전혀 다른 여성으로 묘사했다(고문서가 전하는 바랑 부인은 『고백』의 기술과는 전혀 다르다). 가정을 버린 뒤 기묘한 애타주의로 수많은 남성들에게 몸을 맡기고 재산을 탕진하며 거의 파산에 이른 바랑 부인을 가장 아름다운 영혼의 소유자이며, 가장 선량하고 성실한 "천사 같은" 여성으로 묘사한 것이다.

그렇다면 "여성"과 "연애"에 관해서도 이념과 현실에 괴리가 있다고 생각해야 할까? 그 말이 맞는다고 한다면 "성"과 "사랑"의 이론가 루소의 진의는 어디에 있을까? 참고로 루소는 "반려자" 테레즈에게 평생 한 번도 "사랑"을 느낀 적이 없다고 분명히 말했다.

갱생

이런 수수께끼에 찬 인간을 현대의 상황으로 끌어와보자. 그는 당시 사상가로서는 예외라고 할 정도로 "나"의 "삶"을 즐기고 자신의 사상 속에 파묻히려는 사색가였다. 부정적으로 드러나는 경우가 많은 오늘날의 자기와 자의식의 비대화. 의견은 분분하지만, SNS 등은 그 상징인지도 모른다. 현대의 독자 눈에는 루소가 그러한 자신을 적극적으로 사고에 끌어들이려고 한 것으로 비칠 것이다. 나아가 끊임없이 자신의 사상과 그 "삶"을 "갱신하고" 다시 썼다고도 볼 수 있다.

아니면 "나"에게 그 "삶"을 드러내도록 유도하고 그렇게 모은 "나"에 관한 정보를 전부 "데이터화"하는 디지털 사회를 앞장서서 경험하기라도 하듯이, 루소가 자신의 "삶"을 언어화하고 공개한 것으로 비칠지도 모른다. 그리고 디지털 사회의 공과가 그러하듯이, 그 작업은 그에게 기쁨과 함께 고통도 안겨주었다고 볼 수 있다.

하지만 이렇게도 생각할 수 있다. 루소는 자신과 자신의 경험을 끊임없이 참조하는 작업(자기 객관화)을 극한까지 밀어붙임으로써 사상가의 무기로 삼았다고 말이다. 일찍이 사회과학에서 대상의 객관화는 인식 주체에 요구되는 기본 자세로 꼽혔다. 하지만 인식 대상을 앞두고 끊임없이 자기를 참조하고 반성의 계기로 삼는 "방법"은 오늘날 사회과학 분야에서 주목을 받고 있다.

독자 여러분의 생각은 어떠한가.

이 책을 굳이 수수께끼와 의문을 제시하며 시작한 이유는 무엇보다 독자 여러분이 루소라는 사상가의 다면성과 특수성, 그리고 루소 사상의 다면성과 특수성을 이해하기를 바라기 때문이었다. 말할 필요도 없이 "삶"과 작품의 관계는 어디까지나 그 한 예에 불과하다. 앞으로 보게 될 엄격한 이론적 고찰, 다시 말해서 그 "철학"도, 읽다 보면 무수한 질문들이 차례로 떠오르게 **구성되었음**을 알게 될 것이다. 그의 작품에는, 말하자면 무수한 해석이 열려 있는 셈이다.

실은 여기에 나오는 거의 모든 질문에 루소는 이미 답을 해주었다. 그것도 참으로 특별한 답을. 답을 여러 개 준 경우도 있다. 이 또한 루소의 작품에 불가사의한 매력을 더해준다. 이 점을 염두에 두고, 사상가 루소의 이어지는 발자취를 따라가보자.

제1장

사상가가 된다는 것

장-자크 루소가 되기까지

1. 명성을 얻기 위해

1749년 10월의 어느 날, 루소는 뱅센 성의 감옥에 수감된 벗이자 철학자인 드니 디드로Denis Diderot(1713−1784)를 만나 기운을 북돋아주기 위해 뱅센을 향해 걷기 시작했다. 잡지 「메르퀴르 드 프랑스Mercure de France」(17세기에 간행된 프랑스 관보이자 문학 잡지/역주)를 읽으면서 말이다. 그러다 디종 아카데미에서 주최하는 논문 공모전이 눈에 들어왔고 "영감"이 번쩍 떠올랐다. 그는 마치 하늘의 계시와도 같은 그 영감에 이끌려 「학문과 예술에 대하여*Discours sur les Sciences et les Arts*를 완성했다. 그 논문이 1등으로 당선되며 대성공을 거둔 루소는 학계에 혜성과 같이 등장한다. 말하자면 본인의 뜻과는 다르게.

……이것이 루소 본인의 설명이다. 참으로 알기 쉬운 설명이자 깊이 생각한 끝에 한 이야기라고 할 수도 있을 것이다.

꿈은 이루어졌다

그러나 실제로 이 성공까지 루소는 당연히 수많은 시행착오를 거듭했다. 파리에 가기 전까지 이미 그는 몇 편의 시를 썼다. 앞에서 소개한 「메르퀴르 드 프랑스」 지에 투고하려고 천체론天體論 원고를 준비하기도 했다. 연대기 같은 것을 구상하고 서문까지 썼다. 출간하려는 목적이 있었던 것은 아니었지만, 가정 교사를 하던 시기에는 교육론도 썼다.

이 시기에 작성한 것들 중 남아 있는 초고로 판단하건대, 루소가 가장 힘을 쏟은 것은 역시 음악이었다. 루소는 연극 작품에 더하여 적어도 두 편의 비극, 오늘날 말로 오페라를 썼다. 완성도는 알 수 없지만, 상당한 에너지가 필요했으리라는 데에는 의심의 여지가 없다. 그리고 샹베리에서 파리로 출발했을 때 그는 음표를 숫자로 표기하는 "새로운 악보 표기법"으로 성공을 거둬 부자가 될 것임을 믿어 의심치 않았다.

그렇다면 어떻게 해야 자신의 연구 성과에서 가치를 끌어낼 수 있을까?

당시 파리는 이미 유럽 문화의 중심지였다. 루소와 마찬가지로 부와 명성을 좇아 수많은 지식인들이 모여들었다. 거기서 필요한 것은 인맥이었다. 사교성을 흔히 프랑스 문화의 특성이라고 하는데, 성공하려면 신용, 신뢰의 기반이 되는 사람과 사람의 관계, 네트워크가 필요했다.

당시는 학문과 예술 세계에 몸담으려는 사람에게는 여러 아카데미가 중요한 등용문 역할을 하던 참이었다. 오늘날의 학회와는 전혀 다르게, 지식인과 명사로 구성된 분야를 가리지 않는 학술적 모임을 떠올리면 좋을 것이다.

1742년, 루소는 지인의 도움을 받아 마침내 과학아카데미에서 음악의 "새로운 악보 표기법"을 낭독할 기회를 얻었다. 하지만 심사원에게서 기대한 만큼의 칭찬을 듣지는 못했고, 어렵사리 출판한 원고도 좋은 반응을 얻지 못했다.

다시 말해서, 꿈은 이루어지지 않았다.

그러나 이 실패를 포함하여 파리에 도착하고 난 뒤부터 『학문과 예술에 대하여』를 출간한 전후의 기간은 루소가 자신의 사상을 형성하는 데에 매우 중요한 시기이다. 특히 다음의 두 가지 면을 꼭 짚고 넘어가야만 한다. 하나는 "지식인 사회", 다시 말해 당시의 지식인들을 둘러싼 상황, 다른 하나는 결국 음악이 루소에게 가장 중요한 역할을 했다는 점이다.

"계몽의 세기"

프랑스의 18세기를 가리켜 "계몽의 세기"라고 한다. 계몽의 정의는 무수히 많지만(가령 칸트의 유명한 정의), 여기에서는 "많은 사람에게 지식을 주고 계발한다"라는 가장 단순한 의미로 이해하자. 그 계몽 사회에서는 "계발하는" 인물, 다시 말해 지식인의 중요성이 커졌다. 이는 유럽 전체에서 볼 수 있던 현상이었는데, 특히 파리로 무수한 지식인과 그 지망생이 모여들었다. 거리 곳곳에서 다양한 분야의 주제를 놓고 뜨거운 토론이 벌어졌다. 카페(영국의 커피 하우스에 가깝다)며, 살롱(주로 여성이 자신의 저택에서 열던 지적 모임)이며, 아카데미며, 프리메이슨 산장이며 장소를 가리지 않았다. 편지로 정보와 의견을 주고받기도 했다. 극장에서 상연된 작품과 연기자에 관해, 연주된 음악과 가수에 관해, 출간된 서적과 작가에 관해 사방에서 토론이 열렸다. 그 토론으로부터 다시 새로운 작품과 출간물이 탄생했다. 과학과 의학, 박물학과 "이국異國"이 화제를 모으고 사소한 발견과 보고가 철학과 문학에 바로 반영되기도 했다. 그런 활기에 이끌렸는지 독자가 늘고 작가도 늘고 훗날 "대중"이라고 불리는 사람들이 형성되었다.

루소의 저작은 이런 상황에서 집필되었다. 이런 사회

를 끊임없이 의식하며 이런 대중을 상대로 쓰였다. 이것은 아주 중요한 포인트이다.

현대식으로 말하자면, 루소는 당시 메시지 발신의 법칙, 다시 말해 지금이라면 SNS를 활용한 셀프 프로모션과 온라인 마케팅을 하고, 신인에게 주는 상을 받아 권위를 얻는 등의 "게임의 법칙"을 완전히 수용하고서는 **자신이 쓴 책을 읽고 자신에게 최대의 이익을 가져다줄 수 있는 사람들**을 위해서 글을 쓰기 시작했던 것이다.

한편, 파리에서 살기 시작한 루소는 계몽 사회에서 거침없이 인맥을 쌓았다. 루소 하면 고독한 사상가를 떠올리는 사람도 있겠지만, 적어도 이 시기에 그는 놀랄 만큼 적극적으로 많은 학자와 철학자, 작가들에게 접근했고, 매우 정력적으로 지식인 사회에서 교우관계를 확장했다. 이것도 "법칙"대로이다.

알고 지낸 인물들 중에는 가령 18세기 프랑스의 극작가로 오늘날에도 가장 유명한 피에르 드 마리보Pierre de Marivaux(1688–1763), 프랑스 감각론의 대표 철학자 에티

엔 보노 드 콩디야크Étienne Bonnot de Condillac(1714−1780),
저명한 수학자이자 물리학자, 철학자인 장 르 롱 달랑
베르Jean Le Rond D'Alembert(1717−1783)와 그와 함께 세기
의 대작 『백과전서Encyclopédie』를 편찬한 철학자 드니 디
드로도 있다. 루소는 당시에 이미 극작가로서 확고한
지위에 있었던 마리보에게 자신이 쓴 「희극 나르시스
Narcisse ou l'Amant de lui-même」를 보여주고 교정을 부탁했
다. 거의 같은 해에 콩디야크, 디드로와는 자주 만나며
두터운 친교를 쌓았다. 루소가 이 2명의 천재에게서 많
은 것을 배웠음은 분명하다.

　따라서 루소가 『학문과 예술에 대하여』를 공개한 시
점에 훗날 프랑스 계몽사상의 대표작으로 꼽히는 서
적이 차례로 출간된 것은 우연이 아니다. 인간의 "인
식" 생성 과정을 "언어"라는 관점에서 논한 콩디야크의
데뷔작 『인간 인식 기원론Essai sur l'origine des Connaissances
Humaines』(1746), 법과 정치에 관한 사고를 그 뿌리에서
부터 다시 구축한 샤를 루이 몽테스키외Charles Louis
Montesquieu(1689−1755)의 『법의 정신De l'esprit des Lois』(1748),

당시 실제로 발생했던 의학계 사건에서 출발하여 흔히 말하는 유물론적 무신론을 펼쳐낸 디드로의 『맹인에 관한 서한Lettre sur les Aveugles』(1749), "인간"을 광대한 자연사 안에서 정의한 뷔퐁Buffon(1707-1788)의 기념비적 저작 『박물지Histoire Naturelle』도 1749년에 출간되기 시작했다. 그리고 2년 후인 1751년에는 『백과전서』도 출간이 시작되었다. 문화사라는 새로운 측면에서 역사를 서술한 볼테르(1694-1778)의 『루이 14세의 시대Le Siècle de Louis XIV』(1751)도 여기에 더해야 할까.

루소는 마치 이러한 지적 흥분의 소용돌이에 휘말린 듯 자신의 책을 공개적으로 출간하기 시작했다.

베네치아와 프랑스의 상류 사회

루소는 지식인 사회에서 교우관계를 넓히는 데에 그치지 않고, 지식인 사회에 인접해 있고 겹치는 데가 많은 사교계에서도 지인을 늘렸다. 그 결과 어느 부인의 추천으로 베네치아 주재 프랑스 대사인 몽테규 백작Comte de Montaigu의 비서 자리를 얻어 1743년에 베네치아로 출발했다.

베네치아는 무역, 상업, 정치, 군사제도, 문화 등으로 유럽 안에서 신화 같은 존재가 된 동지중해의 도시국가였다. 그러나 루소가 도착한 시기에 베네치아는 정치적으로나 상업적으로나 군사적으로 이미 영향력이 현저히 줄어든 상태였다. 게다가 루소가 몽테규와 대립하다가 그곳을 뛰쳐나오기까지 머문 기간은 1년 정도에 불과했다. 애초에 그는 대사에게 속한 일개 비서에 불과했다.

그럼에도 루소에 따르면 이 기간에 그는 당시 국제관계와 국제 정치의 현실을 보게 된다. 물론, 루소가 대신과 각국 대사에게 쓴 공문서와 외교문서는 분량이 상당하며, 개중에는 흥미로운 글도 있다(가령 오스트리아 왕위계승전쟁을 둘러싼 각국의 의도에 대한 글). 그리고 『고백』에서는 바로 이 시기, 그토록 칭송받던 베네치아의 "통치형태에서 결함"을 깨닫고 거기에서 "정치제도론"의 착상을 얻었다고 말한다. "정치제도론"은 그의 가장 중요한 저작이 될 터였는데, 유일하게 완성된 부분이『사회계약론』이다.

　파리로 돌아온 루소는 다시 머물 곳을 찾으려고 애
썼다. 1746년, 그런 루소에게 엄청난 전환점이 찾아온
다. 부유한 총괄징세청부인이던 뒤팽Dupin 가문에서 비
서로 일하게 된 것이다. 징세청부인은 상당한 재력으로
당시 사교계만이 아니라 지식인 사회에도 영향력을 행
사했고, 때로는 비판의 대상이 될 정도로 화려하고 호
화로운 삶을 살았다. 이런 생활에 광채를 더해준 것이
재주꾼, 오늘날로 치면 예술가들이었다. 루소는 그 역
할을 하기로 선택했다. 실제로 이 시기에 루소는 오락
을 위해 곡을 만들고 각본을 썼다. 이는 그가 곧 단죄
할, 부에 의해서 타락한 화려한 생활 그 자체였다(다만
이때 루소는 화학을 비롯한 귀중한 연구 기회도 얻었다). 하
지만 이것도 "계몽 시대"의 현실이었다.

음악가 루소

또 하나 주목해야 하는 것은 음악이다. 학문과 음악
을 독학하기 시작한 젊은 루소는 2명의 마음속 "스승"

을 발견한다. 시와 희곡에서는 볼테르이다. 프랑스의 18세기를 "계몽의 시대"라고 부른다고 앞에서 말했는데, "볼테르의 시대"라고 부를 수도 있다. 그 정도로 영향력 있는 존재였기 때문이다. 음악에서는 18세기 프랑스 최고의 작곡가이자 음악이론가인 장 필리프 라모 Jean Philippe Rameau(1683–1764)이다. 그리고 라모의 이론서 『화성론Traité de l'harmonie』(1722)은 루소의 교과서였다 (교과서 치고는 너무 난해하지만).

"새로운 악보 표기법"이 실패했다고 해서 루소가 음악을 포기한 것은 아니었다. 루소는 「우아한 시의 여신들Les Muses Galantes」이라는 오페라(정확히는 발레)를 만들기 시작해서 베네치아에서 돌아온 뒤에 이 작품을 완성하고 시연했다. 그리고 1745년 바로 그 시기에, 예기치 않은 일이 들어온다. 무려 두 사람의 "스승", 볼테르와 라모의 작품을 「라미에의 향연Les Fêtes de Ramire」이라는 오페라(1막은 발레)로 다시 만드는 수정 작업을 맡은 것이다. 루소는 이 작업에 몰두한다. 루소의 공헌이 어느 정도였는지에 관해서는 의견이 분분하지만, 이로써 "계몽의 시대"를 대표하는 세 사람이 신기한 형태로 엇갈렸던 셈이다. 훗날 루소는 두 "스승"과 격렬하게 대립한다.

『학문과 예술에 대하여』가 성공한 후인 1752년에는 「마을의 점쟁이Le Devin du Village」라는 오페라(막간극)를 만든다. 이 오페라는 실제로 상연되었다. 그것도 국왕 앞에서 상연되어 대성공을 거두었다. 루소에 따르면 새로운 시대의 도래를 알리는 작품이자 음악 역사상 다시 없을 혁신적 걸작이었다(나는 그렇게 생각하지 않는다).

그렇다면 음악 이론 쪽은 어땠을까? 루소는 수많은 원고를 썼다. 그런데 이 분야에서도 결정적 사건이 일어난다. 달랑베르와 디드로가 편찬을 주도했던『백과전서』에서 음악과 관련된 항목을 집필하게 된 루소는 단기간에 음향학, 작곡 이론, 음악사, 음악 미학 등 400개에 가까운 항목을 완성했는데, 그사이 계속해서 "스승" 라모를 암암리에 비판했다. 이에 라모는 반박서를 내고 루소를 통렬하게 비판했다. 그렇게 루소는 첫 "스승"과 결별했다.

나아가 1753년, 루소는 큰 사건을 초래한 논쟁서 『프랑스 음악에 관한 편지Lettre sur la Musique Française』를 출간한다. 이 책은 당시 이탈리아 음악과 프랑스 음악의 우위성을 둘러싸고 격렬한 논쟁을 불러일으켰다. "부퐁 논쟁Querelle des Bouffons"으로 불리며 궁정까지 가세한 엄청난 논쟁이었다. 루소가 이탈리아 음악에 심취하여 낸 이 책은 "대중"의 눈에 프랑스 음악, 프랑스 문화를 철저하게 공격하는 당파적 서적으로 비쳤다. 라모는 이를 자신에 대한 비판으로 받아들였다. 『화성론』을 출간한 이후에도 "화성"이 음악의 본질이라고 여겼던 라모와 달리 루소는 "선율"이 본질적 요소라고 주장했기 때문이다. 이는 당파적 대립이면서 동시에 이론적, 사상적 대립의 산물이기도 했다.

이렇게 음악은 루소 안에서, 또 루소의 사상 안에서 중요한 역할을 담당했다. 물론 어느 시기부터는 음악 작품과 논쟁서를 발표하지 않았지만, 음악에 관한 사고는 그의 주요 작품 안에 깊이 뿌리를 내렸다. 다시 말해, 음악은 루소에게—고대로부터 현대에 이르기까지 종종 그러하듯이―"철학"의 일부였다. 실은 "스승" 라모에게 재반론할 준비도 했으나(통칭 "라모 씨가 주장한 두 가지 원리의 검토", 혹은 그와 관련된 "선율의 기원"이라고 불리는 초고), 이는 『언어 기원에 관한 시론 *Essai sur l'origine des Langues*』에서 사회, 언어학적 인간론으로 발전했다. 그뿐 아니다. 1767년에 출간된 『음악 사전 *Dictionnaire de la Musique*』은 루소의 음악적 사고가 정치사상의 일부를 이루고 있다는 사실을 분명하게 보여준다.

2. 스타 탄생
| 『학문과 예술에 대하여』

학문과 예술에 매료되어 계몽 사회에서 자신의 자리를 찾으려고 애쓰다가 겨우 총괄징세청부인에게 고용되어 큰돈을 받고 그 화려한 생활에 색채를 더하는 역할을 했던 루소. 그랬던 그의 이름을 단번에 알린 계기가 『학문과 예술에 대하여』(1751)이다. 당시 비판적이던 독자의 조소 섞인 말을 빌리자면, "학문"에 몰두하고 계몽 사회를 살면서 "학문", "예술"(기예), "화려한 삶"을 비판하는 논문은 가당치도 않았다. 서둘러 그 내용을 살펴보자.

디종 아카데미가 낸 과제는 다음과 같은 것이었다.

"학문과 예술의 부흥은 풍속을 순화하는 데에 공헌했는가?"

루소는 문명사의 궤적을 빠르게 따라간 뒤, 문예와 학문의 발전, 특히 르네상스 이후의 발전을 염두에 두고 곧바로 다음과 같은 인상적인 글을 쓴다.

"학문, 문예, 기예"는 통치기구나 법률만큼 "전제적"이지는 않지만 어쩌면 그보다 강력하다. "인간에게 묶여 있는 쇠사슬을 화환으로 장식하여" 인간이 가진 근원적 자유를 말살하고 자신들이 처한 "노예 상태"를 기꺼이 받아들이도록 유도함으로써, 말하자면 "세련된 국민"을 만들어내기 때문이다.

정말이지 도발적인 글이다. 벌써 "과제"의 범위가 상당히 넓어졌다.

나아가 루소는 세련된 취미와 예의범절이라는 프랑스가 자랑하는 궁정 문화도 비판한다. 예절과 의례는 인간을 내면과 외면으로 분리하고 정신을 "거짓의 획일성"으로 속박하는 제도이며, 소외, 다시 말해서 인간이 본래 가지고 있어야 할 자기 본질의 상실을 초래한다는 것이다.

그리고 "학문, 문예, 기예"의 발전으로 "풍속이 부패하는" 계몽 사회의 현실, 즉 부정적인 결과, 아니 상관관계를 보여주기 위해 고대에서 예를 든다. 이집트, 그리스, 제정 이후의 로마, 중국…… 고대 페르시아인, 스키타이인, 공화정 이전의 로마인……. 이렇게 "지금, 여기"의 문제를 다른 시대와 지역으로 무대를 옮겨 논하는 것이 당시의 서술 양식이었다.

다가올 미래의 사고로

그런데 문명의 발전으로 풍속이 부패한 나라에서도 학

문과 예술의 해악에 물들지 않고 "덕"의 중요성을 밝힌 인물이 있었다. 루소는 2명의 전혀 다른 위인을 예로 들었는데, 한 명은 그 이름도 유명한 고대 아테네의 소크라테스이고, 다른 한 사람은 고대 로마의 집정관 파브리키우스이다. 파브리키우스는 계몽 지식인의 필독서 『플루타르코스 영웅전*Lucius Mestrius Plutarchus*』에서 플루타르코스가 고대 로마의 "덕"의 전형으로 묘사했던 인물이다. 루소는 그 파브리키우스의 입을 빌려 잃어버린 "소박함"과 "불길한 영화榮華"를 대치시킨다. 작품 속에서 가장 유명한 구절의 하나이다.

『학문과 예술에 대하여』는 2부로 구성되어 있는데, 제2부에서는 학예의 다양한 위험성을 지적한다. 이 책은 원래 학문은 기원부터 의심스럽다고 말한 뒤, 논의를 당시의 "핫한" 화제로 능숙하게 이행시킨다. 앞에서 말한 "취미", 즉 심미안과 기호와 유행에 관한 문제, "사치", 즉 과도한 장려함, 화려함에 관한 문제로 말이다. 요즘식으로 말하자면, 사치가 부의 재분배와 기술혁신을 가져오고 국가를 번영시키는 데에 기여하는지, 거기에 윤리, 종교, 법, 정치가 어떻게 관계하는지를 캐물은 것이다.

루소는 학예와 사치는 불가분의 관계이며, 이로 인해 국력이 종합적으로 약해진다고 보았다. 또 학예는 "취미"를 유약하고 피상적으로 만들어 풍속을 부패시킨다고 보았다. 그러면서 루소는 실례를 들어 이류, 삼류 지식인, 예술가를 특히 강하게 비난했다(본인도 그 입장에 있었음에도 말이다). 그에 따르면 시민, 즉 국민의 수에 비해 이류, 삼류 지식인과 예술가의 수는 너무 많다. 도시는 아무런 가치도 없는 작품과 사치품을 만들려는 일반 사람들로 넘쳐나고, 정말로 유익한 직업을 가지고 중요한 "노동"을 하는 사람들은 등한시된다. 그 결과, 학예로 번영을 누린 계몽 사회에는 진정한 덕도 행복도 없다는 것이다.

고작 이것이 다냐고 생각할지도 모른다. 오늘날의 독자 눈에는 단순히 "지식"의 대중화에 이의를 제기하는, 아니 신물 나게 들었던 반지성주의, 혹은 반진보주의 메시지로 보일지도 모른다. 하지만 계몽주의의 낙관적

진보주의에 대한 이 비판은 어느 틈엔가 "필연적"으로 스며든 기술의 진화나, 그것을 정당화하는 다양한 언설에 대해서 생각하는 데에도 이용될 수 있다.

이런 짧은 논문들은 대체로 주요 저작을 읽다가 접하게 되는 경우가 많다. 그것이 일반적인 독서법이다. 따라서 옳고 그름을 떠나, 우리 현대의 독자는 여기서 훗날의 사고의 싹, 훗날의 엄밀한 논리적 고찰의 싹을 찾으려고 한다. 인구, 풍속, 소외, 여성, 사회적 유대, 그리고 국민의 유대……어느 것이든 주요 저작으로 발전시킬 수 있는 주제들이다.

어쨌거나 흥미롭게도 이 논문 자체는 **이미 이 세상에 나왔을지도 모르지만 여전히 언어화되지 않은 사고**, 그런 다가올 사고를 마치 예고라도 하는 듯이 **구성되어** 있다.

물론 루소가 학문을 완전히 부정한 것은 아니다. 그는 그저 베이컨, 데카르트, 뉴턴 같은 한정된 진정한 천재만이 발을 들여놓을 수 있는 세계라고 말했을 뿐이다. 그리고 논문의 처음과 말미에 "진정한 철학"에 대해서 언급한다. 현대의 진정한 천재에게 요구되는 다가올 사고. 루소는 그것이 존재한다고 믿었다.

논쟁가 루소

『학문과 예술에 대하여』는 큰 화제를 모았다. 곧 많은 논객이 펜을 들고 루소를 비판했다. 루소는 거기에 맞서 논쟁을 벌이며 점점 "대중"의 주목을 받았다. 이 논쟁은 두 가지 의미에서 루소에게 중요하다. 첫째로, 이 논쟁을 통해 그는 단기간에 놀랄 만큼 사고가 깊어졌다. 둘째로는 이름을 널리 알릴 수도 있었다. 다시 말해 명성에서 오는 힘과 권위, 현대식으로 말하자면 상징권력을 얻은 것이다.

① 사고의 심화

먼저 다수의 반론을 통해서 루소가 다양한 "사고의 실마리"를 얻었다는 점에 주목해보자.

"사치"를 예로 들어보겠다. 루소는 "사치"에 관해, 어느 날은 철학적으로, 어느 날은 정치학적, 역사학적으로 더 깊이 고찰할 기회를 얻었다. 사치는 생존에 "필요한" 것과 어떤 관계에 있는가. 국가의 규모와 사회 전체의 생산력과는 어떤 관계에 있는가. 그것을 역사적으로 어떻게 평가할 것인가. 루소는 그러한 고찰을 통해서 사적 소유의 탄생에 주목하고 인간은 "근원적으로 선성을 가지고 있다"는 답을 내놓았다. 인간은 날 때부터 천성적으로 선하다는 것이다. 이것은 루소의 주요 작품을 관통하는 주장이다.

그는 "사치" 외에도 학문과 불신앙의 관계, 이상적 교육의 형태에 관한 문제 등 고찰의 대상을 넓힐 기회를 얻었다. 그리고 루소 사상의 본질이라고 할 수 있는 "인간에 대한 인식(지식)"의 중요성을 분명하게 글로 남겼다(훗날 루소는 이것을 "인간 이론"이라고 말한다). 이후로 이어지는 작품의 핵심 개념이 형성되기 시작한 것이다. 한번 부패한 풍속은 과거의 소박한 상태로 되돌리기가 불가능하며, 학예를 통해서 "병"을 완화시켜야 한다는 주장도 명확해진다.

그러나 이러한 논점 이상으로 중요한 것은 루소의 사

상적 토대가 확립되었다는 사실이다. 발표된 반론은 대부분이 루소의 "웅변"과 "문체"의 매력은 인정하면서도 루소의 주장을 "역설"(당시의 상식에 반하는 설을 말한다)이라며 비판했다. 다시 말해 화려한 문장으로 "역설"을 주장하는 루소의 논문은 현대의 말로 하자면 지식 유희에 불과하다는 것이다. 그들은 루소가 자신의 이론은 전혀 믿지 않으면서 주목을 끌려고만 한다고 주장했다.

이에 대해서 루소는 차츰 자신의 입장을 분명히 밝히기 시작한다. 그리고 결국에는 『학문과 예술에 대하여』야말로 진정한 "인간학"이며 "인간의 본성, 능력, 사명 등을 성실하게 검토한 소산"이자 "비통하고 숭고한 진리의 체계"라고 주장하기에 이른다. 그와 동시에 루소는 자신을 "독립적" 존재, 누구에게도 귀속되지 않은 존재이자 "동포를 사랑하고" 어떤 것도 두려워하지 않는 "고독한" 사상가로서 자리매김하기에 이른다. 자신의 이론을 믿지 않기는커녕, 절대적으로 확신한다는 뜻이다. 이 주장의 현대적 의미는 제2장에서 자세히 살펴보려 한다.

이상의 예가 보여주듯이, 논쟁은 루소의 사상 형성에 아주 중요한 의미를 지녔다. 사실, 이후에 쓰인 작품은 대부분 이렇게 특이한 논쟁적 성격을 띤다.

② 명성

한편, 이 논쟁은 무명의 루소에게 더없이 좋은 기회를 안겨주었다. 그는 그 기회를 놓치지 않았다. 친구와 지인의 주도로 논쟁의 자리가 마련된 것도 중요한 점이다. 그리고 저명한 인물이 논쟁에 뛰어들면 루소는 여기에 보란 듯이 응전하여 최대의 효과를 끌어냈다.

1752년에는 또다시 친구들의 협력을 얻어 「희극 나르시스」를 코메디 프랑세즈에서 상연하고, 이듬해 이 작품에 문제의 논쟁의 연장선상에 있는 긴 서문을 넣어서 출간한다. 1753년에는 살롱(루브르 궁전에서 미술 작품을 전시)에 세기를 대표하는 초상화가 모리스 캉탱 드 라 투르Maurice Quentin de La Tour(1704-1788)가 그린 그의 초상화가 전시된다. 유명 인사가 되었다는 증거이다.

그리고 이미 살펴보았듯이 "오페라"로 대성공을 거두고 음악 논쟁서로 물의를 일으키며 점차 인지도를 높여 갔다.

이렇게 해서 루소는 이제 여러 이미지를 가진 사람이 되었다. 학예와 상류 사회의 비판자라는 단순한 이미지에 이어 "역설"을 가지고 노는 웅변적 인재이자 세간을 떠들썩하게 만드는 도발적 논쟁가라는 이미지이다. 또 유행 작곡가, 즉 문장만이 아니라 음악에서도 "대중"의 화제를 몰고 다니는 남다른 인재라는 이미지에, 대담한 비판적 사고를 펼치는 전위적 지식인 그룹에 속한 당파적 인물이라는 이미지까지. 마지막으로 루소 자신만이 품고 있었을지도 모를 독자적 위치를 구축한 사상가 이미지이다.

이미 지적한 바와 같이 루소가 처한 이러한 상황은 우리가 사는 현대 사회의 상황을 떠올리게 한다. 인터넷의 일상화 속에서(인터넷이 어디까지 관련되었는지는 별도로 하고) 결코 하나로 수렴되지 않고 분열해가는 자아상. 이렇게 우리가 매일 경험하는 것처럼, 루소가 원하든 원하지 않든 루소의 모습은 점점 변모하고 증식해간 것이다.

3. 철학자 루소?
|『인간 불평등 기원론』

그리고 『인간 불평등 기원론*Discours sur l'origine et les Fondements de l'inégalité Parmi Hommes*』으로 새로운 이미지가 더해진다. 마지막으로 언급한 "독자적인 위치를 구축한 사상가" 이미지에 가깝지만, 이는 어쩌면 20세기에 정착된 이미지인지도 모른다.

이번에도 집필의 계기는 아카데미 논문 공모전이었다. 공모전 주제는 다음과 같았다. "사람들 사이에 생기는 불평등의 원천은 무엇인가, 그리고 불평등은 자연법으로 정당화될 수 있는가?"

준비 기간은 6개월. 루소는 논문을 응모했지만 심사 대상에 들지는 못했다. 분량이 너무 많았기 때문이다.

또한 그의 논문은 아카데미 논문 형식에서도 크게 벗어나 있었다. 루소 스스로도 그 사실을 인지하고 있었는지, 일찍부터 출간을 계획하고 출판업자와 협상에 들어갔다.

1755년에 출판된 『인간 불평등 기원론』은 2부로 구성되어 있고, 서문과 몇 개의 장대한 주석, 제네바공화국에 대한 헌사가 실려 있다. 그 헌사는 제네바라는 나라, 그 지리적, 역사적 상황, 특히 그 정치제도에 관한 주목할 만한 고찰을 담고 있다. 단순히 미사여구를 늘어놓은 것처럼 보이지만, 읽는 동안에 생각지도 못한 중요한 것을 "환기할" 수도 있다. 참고로 루소의 아버지도 멋들어진 옷을 입고 등장한다.

여하튼 『인간 불평등 기원론』을 손에 쥔 독자가 가장 먼저 놀라는 것은 그 압도적인 정보량일 것이다. 실제로 루소는 다른 작품을 집필하려고 몇 년 전부터 중요하다 싶은 책들을 정독했다. 거기에 앞에서 소개한 지식인들과 교류하며 귀중한 지적 자극도 받았다. 그래도 역시 놀랄만한 점은, 당시 "정치"와 "인간"을 이해하기 위한 필독서였던 철학서, 학식과 견문 있는 사람들의 책, 여행기 등을 곳곳에서 발견할 수 있다는 점이다. 루소의 넘치는 지적 정열이 느껴진다.

"지금, 여기"의 불평등을 묻다

거듭 말하자면 이 책에 관해서는 오늘날에도 여전히 여러 가지 해석이 존재한다. 여기에서는 가장 표준적으로 보이는 길을 **하나** 따라가보려고 한다.

루소가 이 논문에 붙인 정식 제목 "인간 사이에서 일어나는 불평등의 기원과 기초에 관한 논문"은 시사적이다. 이 제목은 그가 이미 근저에서 과제를 재구성했음을 보여준다. "원천source"이 아닌, "기원origin"과 "기초" 혹은 여러 이유나 근거를 찾는 것이 먼저라고 보고, 과제에 있던 두 번째 질문("불평등은 자연법에 의해서 정당화되는가")은 표면상에서 치워버린 것이다.

이 시점에서 이미 루소의 시도가 얼마나 현대성에 부합하는지가 명확히 드러날 것이다. 격차, 일그러진 세계에서의 부의 역학 같은 다양한 "불평등"이 지금의 세계가 직면한 최대의 난제 가운데 하나라는 것은 의심의 여지가 없기 때문이다. 그럼 먼저 루소의 논의를 살펴보자.

"방법론"이 제시되는 서문과 제1부의 머리말(이그저드["이그조르드exorde"는 머리말, 서두라는 뜻의 프랑스어이다/역주]라고 하는 연설의 도입부)을 보면, 아카데미에서 제기한 질문이 더 극적으로 확장되었음을 알 수 있다. 여기에서 루소 철학의 본질이라고 할 수 있는 질문이 드러난다. 바로, 인간이란 무엇인가라는 "인간 이론"에 관한 질문이다. 그는 "지금, 여기"에 있는 인간을 이해하려면 어떤 이유, 경위, 역사에서 "지금"과 같은 존재가 되었는지를 반드시 이해해야 한다고 설명한다. 바꿔 말하면 인간 본래의 "체제", "성립 과정"에서 일어난 온갖 변화에서 유래한 것과 인간의 "원초적 상태"에서 유래한 것을 엄격히 구분해야 한다는 것이다.

여기서 주의해야 할 것이 있다. "자연인", 다시 말해 자연 상태에 있는 인간을 살펴볼 텐데, 이는 어디까지나 "문명인", 사회나 도시에 사는 인간, 나아가서는 "지

금, 여기"에 있는 인간, 계몽 사회를 사는 인간을 특징
짓기 위해서이다. "자연인"은 그러기 위한 장치라고 말
해도 좋다.

① "자연 상태"란 무엇인가?

제1부에서는 "자연 상태"가 묘사된다. 아니, 그보다
위대한 선인들이 이야기한 다양한 "자연 상태" 이론을
재검토한다고 해야 할까. 루소는 근대 자연법학파로
도 분류되는 휘호 흐로티위스(그로티우스)와 사무엘 푸
펜도르프, 나아가서는 자연 상태에 대해 독자적 이론
을 펼친 토머스 홉스와 존 로크와도 대치한다(극단적으
로 단순화하면 "자연 상태"란 국가가 탄생하기 전, 어떤 정
치적 권위도 존재하지 않은 상태를 가리킨다). 선인들의 영
향 아래에서, 우리가 실수로 인간이 "자연적으로", 다시
말해서 "본성적으로" 갖추고 있다고 생각했던 요소들
을 순서대로 하나하나 세심하게 지워나가는 것이다. 이
성, 정념, 사회성, 소유욕, 적의…… 가장 난관은 "언어"
이다. 루소는 "언어"는 괄호에 넣으라며, "자연 상태"에

서 언어 같은 것은 전혀 존재하지 않는다고 말한다. 극단적으로 말해서, 제1부에서 루소는 "자연인이란 무엇인가"를 논한다기보다도 "자연인이 아닌 것은 무엇인가"를 논한다고 할 수도 있다. 이렇게 "자연 상태"를 올바로 이해해야 현재의 상태, 불평등이 인간의 생존을 위협할 정도로 확대된 현상을 정확히 이해할 수 있다고 말하는 것이다.

여기에서도 현대식으로 바꿔보면 루소가 말한 불평등을 아주 생생하게 느낄 수 있다. 소득과 사유재산의 격차 확대, 부의 편재, 세습재산, 빈곤, 식량 위기, 에너지 위기, 그리고 그것이 정치와 우리의 사고에 미치는 영향……. 그러면 그런 상태에서 인간은 어떻게 "사회 상태"로 이행하고 "지금, 여기"에 있는 문명 상태에 이르렀는가. 그것을 논하는 것이 제2부이다.

이때, 루소는 "가설적 조건적 유추"라는 방법을 썼다. 머리말에는 다음과 같은 유명한 표현이 나온다. "그러하니 모든 사실을 멀리하는 것부터 시작해보자." 사실에 근거하지 않는 "가설"이지만, 그렇다고 해서 그것이 허구나 단순한 이야기라는 말은 아니다. 실제로 루소는 "지금, 여기"를 사는 인간에서부터, "역사"의 출발점까지 거슬러 올라가는 이 "방법"을 "자연학자"의 "방법"에 비유하고 있다. 다시 말해, 루소는 과학적, 철학적 기준을 제시하려고 한 것이다.

② "지금, 여기"가 아닌 곳으로

제2부의 서두는 너무 유명해서 읽어본 독자도 있을 것이다.

아무 땅에다 울타리를 치고서 "여기는 내 땅이다"라고 주장하고 그 말을 믿을 정도로 단순한 사람들을 찾아낸 최초의 인물이 바로 정치 사회의 창설자였다.

이렇듯이 소유권의 확립은 "가설적" 인류사의 대大전환점으로 꼽힌다. 여기에서 말하는 소유란 토지 소유이다. 이렇게 루소는 위대한 선인들과 다시 결정적으로 대립한다. 그리고 새로운 인류사를 그려나가기 시작한다. 난제인 "언어"도 다시 거론한다.

다시 한번 짚고 넘어가자면 "지금, 여기"에 있는 문명에 이르기까지 그 과정을 좇는 것이 이 책을 쓴 목적이기 때문에, 루소는 인간에게 일어난, 다시는 본래 상태로 돌아갈 수 없는 불가역적 변화를 보여주어야 했다. 그는 가족의 탄생, 농업의 출현, 야금술의 발견 같은 수많은 "대변화"와 분업, 부의 축적을 그러한 불가역적 변화로 꼽았는데, 이에 따라 사회 상태로 넘어가는 것은 어떤 "인과성"으로도 설명할 수 없다며, 그보다는 "우연성"을 강조했다. 루소에게 이 "우연성"은 매우 특별하다. 자연의 "필연성"과 대립하는 개념이기 때문이다(이러한 용어를 정확히 이해할 필요는 전혀 없다).

또한 『인간 불평등 기원론』의 핵심 개념 중에는 "자기완성 능력"이라는 것이 있다. 이것은 "진화"를 가능하게 하는 인간이 가진 잠재 능력이라기보다 차라리 "가소성可塑性"에 가깝다.

그렇다면 이러한 불가역적 변화와 "우연성"과 "가소성"에 무게를 두고 인류사를 찾아보는 일에는 어떤 의미가 있을까? 바로 다음과 같은 사실이 명확해지는 것이다. 인간은 "지금, 여기"에 있는 인간과는 다른 인간이 될 수도 있었다. 문명도 "지금, 여기"에 있는 문명과는 다른 문명이 될 수도 있었다. 결과적으로 인간의 생존마저 위협하는 상황을 초래한 대사건인 소유권의 확립도 다른 식으로 일어날 수 있었다……. 여행기나 다른 문명, 특히 "미개" 문명과 관련된 서적을 지나치다 싶을 만큼 참조한 이유도 거기에 있었다. 실제로 다르게 생활하는 사람들이 존재하는 것은 아닐까? 실제로 다른 문명이 존재하는 것은 아닐까? 실제로 다른 소유 방식이 존재하는 것은 아닐까?

이렇게 "자연 상태"에서 출발한 루소는 불평등의 확대, 정치 체제의 부패, 그 귀결로서 독재의 도래까지 그려낸다. 어디까지나 "인간의 본성"이라는 "사실"에 근거한 과정으로서 말이다. 이에 비해, 정통적으로 사회 상태로 이행하는 과정에 대한 검토는 『사회계약론』에서 다루어질 것이다.

무수한 가능성이 열린다

이상으로『인간 불평등 기원론』을 읽어보았다. 꼭 "철학자 루소"가 탄생하는 순간을 옆에서 지켜본 것만 같다. 실제로 이렇게 뜻을 짚어가며 자세히 읽은 사람들 중에는 『인간 불평등 기원론』을 루소의 저작 가운데 가장 치밀한 철학적 사고가 펼쳐진 저작이라고 해석하기도 한다.

다만 앞에서 나는 "가장 표준적으로 보이는 길 **하나**"를 따라가보자고 말했다. 즉,『인간 불평등 기원론』은 그 외에도 수많은 해석이 열려 있다. 특히나 "언어"에 대한 기술은 양과 질 모든 면에서 남다른 데가 있다. 『언어 기원에 관한 시론』,『에밀』,『음악 사전』에서도 루소는 다른 각도에서 이 문제를 거론하고 있으므로, 그러한 관점에서 보면『인간 불평등 기원론』을 언어에 관한 다채로운 사고의 한 측면을 다룬 책이라고 생각해 볼 수도 있을 것이다. 또한 20세기에는 인류학, 인간학의 창시자 루소의 탄생을 알리는 논문으로도 읽을 수 있었으므로(예를 들면 레비스트로스), 다른 문화를 이해하는 일의 어려움, 혹은 자신들의 세계관이 매우 한정적인 문맥에서만 통용된다는 것을 깨닫는 계기도 되었을 것이다(가령 우리는 이슬람에 대해 대체 무엇을 알고 있을까?).

더 구체적인 예를 들자면 격차의 확대와 부의 편재偏在를 현대 세계가 직면한 가장 중요한 과제의 하나로 본 토마 피케티Thomas Piketty를 지지하거나, 그와 거리를 두면서 불평등을 재고해볼 수도 있을 것이다. 우리가 경험한 최근 수십 년간의 하이퍼캐피털리즘hypercapitalism(고도로 발달한 자본주의)는 부의 집중을 극단으로 밀어붙였지만, 그것은 종종 능력주의라는 이름 아래, 혹은 경제 효율성이나 세계화라는 거부할 수 없는 조류라는 구실로 정당화되어왔다. 피케티는 『자본과 이데올로기Capital et Idéologie』(2019)에서 그 현상의 근저에 있는 몇몇 "이데올로기"를 발견한다. 그리고 이를 인류사의 각 단계에서 불평등을 정당화하고 초불평등 사회를 유지하기 위해서 서로 다른 체제들이 들여온 "이데올로기"와 비교한다. 이 과정은 막대한 데이터를 바탕으로 비판적으로 검토된다.

물론 21세기를 사는 피케티의 역사관, 세계관, 그가 제안한 변혁은 어떤 의미에서도 루소와 닮은 데가 없다. 오히려 루소에 반한다. 하지만 현대의 평등과 불평등에 관한 다양한 연구를 늘추어보면, 루소의 "가설직" 인류사는, 가령 데이터의 부재 같은 루소의 저작이 쓰였을 당시의 시대적 제약으로 인해서, 도리어 우리에게 귀중하고 참신한 시점을 제공한다.

제2장

고립을 선택하는 것

확장되는 루소의 이미지

1. 『백과전서』와 "경제" 항목

물론 당시의 독자는 대부분『인간 불평등 기원론』을 그
런 식으로 읽지 않았다. 오히려 계몽 사회를 비판한『학
문과 예술에 대하여』의 연장선상에 있는 책으로 받아
들였다.

　다만『인간 불평등 기원론』이 불평등과 격차를 지식
인이 풀어야 하는 중요한 과제로 평가한 저작이라고 보
는 것은 그렇게 생뚱맞은 견해는 아닐 것이다.『인간 불
평등 기원론』이 출간된 1755년, 루소가『백과전서』제5

권에 기고한 "경제" 항목에서 새로운 국가 통치 방법을 고찰하고, 가난한 자의 부담을 줄여주는 특이한 조세론을 이야기했기 때문이다. 오늘날의 사회과학 분야에서도 불평등이나 격차의 문제를 논할 때, 징세와 소득 재분배 "방법"은 매우 중요한 주제이다.

"경제"란 무엇인가

그러나 루소가 말하는 "경제"는 너무나도 구식이다. 나중에 『정치경제론*Discours sur l'économie Politique*』이라는 제목으로 출간된 이 항목에서는 당시 "경제"라는 말이 의미하는 것, 다시 말해서 재산과 사람의 관리, 혹은 국가의 운영과 통제를 설명한다. 오늘날 "경제"라는 말을 들으면 우리는 고작 이 책의 제3부에서 다룬 내용만을 떠올린다. 게다가 거기에 나오는 세제와 공유재산론 등도 한물간 것뿐이다(참고로 사전 항목인데도 "나의 조국", "제네바"의 제도를 역시나 칭찬하고 서명까지 한다).

그러나 실제로 루소는 "경제" 문제를 일관되고 주의 깊게 생각했다고 한다. 경제를 정치적 정의의 조건으로 생각했다는 것이다. 다시 말해, 그는 중상주의에서 18세기 후반에 영향력이 커진 중농주의에 이르기까지, 다양한 "경제" 이론과 대치했다. 나아가 새롭게 생기고 있던 "자유시장"과 그 이론인 "경제학"에 비판적인 시선을 던졌다. 이런 각도에서 루소의 사상적 발자취를 따라갈 수도 있다. 다만 이러한 경제철학자로서의 루소에 관해서는 여전히 격렬한 논쟁이 계속되고 있다.

그런 한편으로 이 "경제" 항목에서도 루소의 사고는 어김없이 깊어진다. 루소는 여기에서 먼저 "부권父權"을 명확히 부정한다. "부권"은 왕권신수설과 절대왕정 지지자들이 내세우는 이론의 근저에 있는 개념이다. 이어서 루소는 "주권"과 통치와 통치기구, 다시 말해서 "정부", 정치권력의 행사를 엄격하게 구별했다. 이것도 큰 진전인데, 그는 여기에서 나아가 교육 문제에도 관심을 가졌다. 여기에서 말하는 교육은 사교육이 아니라 공교육이다. 어떤가, 『사회계약론』으로 차츰 나아가기 시작한 것 같지 않은가.

분신 같은 친구 디드로

그것만이 아니다. 루소는 여기에서 그 유명한 "일반의지volonté générale"라는 개념을 처음으로 도입한다.

"경제" 항목의 제2부, 제3부의 주요 부분을 완성한 단계에서 루소는 "분신과도 같은 친구" 디드로가 집필한 "자연법" 항목의 원고를 접한다. 거기에는 "일반의지"가 핵심 개념으로 나오는데, 그 원고를 읽은 루소는 강렬한 영감을 받고 항목의 나머지 부분을 완성한다. 나아가 전체적으로 "일반의지"의 개념을 집어넣는 작업을 한다.

이렇게 해서 루소가 "경제" 항목에 도입한 "일반의지" 개념은 최종적으로 디드로의 "일반의지" 개념과 결정적으로 달라진다. 디드로는 "일반의지"를 거의 생물학적이라고 할 수 있는 개인의 "인류"에 대한, 이를테면 공통 "기준"으로서 제시했다면, 루소는 이 개념을 어디까지나 한 국가 안에서의 "정의"의 "기준"으로 삼았다. 비슷하면서도 다른 개념으로 바꿔놓은 것이다. 『사회계약론』에서 더욱 다듬어져 나올 "일반의지" 개념은 이렇게 탄생했다.

루소는 "경제" 항목과 밀접한 관계가 있는, "제네바 초고"라고 불리는 『사회계약론』 버전에서 디드로와의 입장 차이를 더욱 분명히 한다. 그 차이는 『언어 기원에 관한 시론』에도 분명하게 나타난다.

디드로는 이 원고들을 읽지 않았으나 총명한 사람이라서 두 입장의 차이를 알아차렸을지도 모른다. 그리고 이것이 상징하는 두 사람의 사상적 대립—이미 시작되었다고 볼 수도 있는 사상적 대립은 더욱 선명해지고 결국 디드로와 루소는 결별한다—은 이렇게 정리할 수 있을 것이다. 하지만 얼굴만 맞대면 싸우는 형제와도 같았던 두 사람이 결별한 것이 과연 그 이유에서만일까.

2. 스스로 고립을 선택한다

시간을 조금 뒤로 돌려보자.

『학문과 예술에 대하여』로 성공을 거둔 이후, 루소는

훗날 "자기개혁"이라고 부르는 것을 시작했다. 그는 이 것을 단계적으로 차근차근 진행한 것 같다. 그런데 대체 루소가 말하는 "자기개혁"이란 무엇일까? 단적으로 설명하면 자신이 표명한 사상과 철학을 실생활에서도 실천하는 것이다. 훗날의 자진적 저작의 표현을 빌리자 면 부와 출세에 관한 모든 계획을 영원히 포기하고 어 떤 제약도 받지 않는 독립적 존재로서 가난하게 사는 것을 선택했다는 말이다.

자신을 개혁하는 것

너무 급진적인 선택이 아닌가. 오늘날 자유롭게 사고하 기 위해서 외부 권력의 압력을 피하려는 지식인과 문화 인이 얼마나 있을까? 그러한 권력은 정치, 종교, 경제에 서만이 아니라 점점 복잡하고 구조화되고 있다.

　이 "개혁"은 "옷차림"에서 시작된다고들 하지만, 특 히 중요한 것이 "일"의 선택이다. 당시의 지식인은 상당 한 자산가가 아니면 앞에서 말했듯 부유한 징세청부인 이나 귀족에게 기생하며 살 수밖에 없었다. 혹은 권력자에게 빌붙어서 명예직이나 연금을 받는 수밖에 없었다. 이것이 계몽 사회의 문예후원 제도라는 것이었다.

부유한 총괄징세청부인인 뒤팽 가문은 비서로 일했던 루소가 『학문과 예술에 대하여』로 성공하기 이전부터 급여를 올려주고 이전보다 훨씬 나은 자리에 앉혔다. 그렇다면 루소는 어떻게 행동했을까? 그는 이 좋은 자리를 걷어차고 "악보 필사"로 생계를 이어가는 길을 선택했다. 악보를 한 쪽당 얼마씩 필사하는 "노동"을 하고 "임금"을 받기로 한 것이다. 누구에게도 의지하지 않고 누구에게도 구애받지 않고 "독립적"으로 살기 위해서 말이다.

그러나 기억했으면 한다. 루소는 「희극 나르시스」를 무대에 올리고, 오페라 「마을의 점쟁이」를 제작하고 수많은 논쟁문을 써서 일약 사교계의 총아가 된 인물이다. 수많은 지식인들, 특히 디드로와 "철학자들"이라고 불리는 전위적 지식인 네트워크의 일원이었다. 사생활에서는 가정부 테레즈와의 사이에서 낳은 아이를 여전히 "버리고" 있었다.

에르미타주—"독립"과 "자유"의 장소

그래도 루소는 "자기개혁"을 멈추지 않았다. 그다음으로 중요한 것이 어디서 사는가, 즉 거주지 문제였다.

1754년, 제네바에서 개신교로 다시 개종하고 시민권을 회복한 루소는 조국으로 가서 사는 것을 고려했으나 여러 가지 이유로 단념한다. 그래서 선택한 곳이 (이 또한) 유복한 총괄징세청부인 데피네d'Épinay 소유의 숲이 우거진 교외 별장에 있는 에르미타주Ermitage라는 장소였다. 이곳을 제공한 사람은 데피네의 아내였다. 데피네 부인Mme d'Épinay은 자신의 "애인"이자 루소의 가장 친한 벗이었던 그림Grimm이라는 지식인을 비롯하여 디드로와 폴-앙리 티리 돌바크Paul-Henri Thiry d'Holbach 같은 많은 "철학자들"과 가까이 지내던, 학식이 풍부한 여성이었다.

이미 살펴보았듯이 계몽 사회에서 사교성은 지식인이 살아가는 데에 필요한 기술이었다. 극장이나 사교의 장이 있고 수많은 지적 교류가 활발하게 이루어지는 도시가 학문과 예술을 가장 필요로 하는 곳이라는 점은 누가 보더라도 명확하다. 그런 대도시 파리를 루소는 떠나기로 결심한 것이다. 자전적 저작은 아니지만 이 시기에 작성된 편지들은 훗날 "선택한 고독"에 관한 사고를 알 수 있는 귀중한 증언이 된다. 루소에 따르면 진정으로 생각하고 진정으로 "철학하기" 위해서는 "독립"과 "자유"가 꼭 필요하다.

그러나 독자는 당장에 이렇게 생각할 것이다. 도시에서 떨어진 장소라고 해도 그곳은 결국 부유한 후원자인 데피네 부인이 제공한 장소가 아닌가. 악보 필사가로 생활한다고 해도 일을 얻으려면 데피네 부인과 부유한 지인의 인맥에 의지할 수밖에 없지 않은가……. 다 맞는 말이다. 하지만 루소는 실현 불가능해 보이는 그 이념을 끝까지 고집했다.

훗날 디드로, 데피네 부인, 그림 무리와 루소가 절교한 데에는 여러 가지 요인이 있다. 루소의 특이한 우정관과 사상적 대립 등도 당연히 그 요인의 하나로 꼽힌다. 하지만 "자기개혁"이라는 얼핏 기상천외해 보이는 루소의 이러한 행동 이념도 분명 절교의 요인 중 하나였을 것이다.

이 기묘한 행동 이념은 오늘날에도, 물론 필자를 포함하여 우리 모두가 직접 사고하려 할 때 반드시 부딪히게 될 문제이다. 생각해보라. 우리는 누구의 눈치도 보지 않고 아무 거리낌 없이 사고하고 연구할 수 있을까? 애초에 학문과 연구를 위한 자금은 어디에서 나오는지 생각해보자. 그것은 법률상 의미가 아니라 루소가 말하는 의미로 "정당한" 것일까? 과연 그것은 "학문의 자유"를 보장하는 "정당한 자금"일까? 세계의 명문 대학과 이름난 연구소들 가운데 대체 "자유로운 사고의 장"이라고 자랑할 수 있는 기관이 얼마나 있을까?

"최초이자 단 한 번의" 사랑

에르미타주에서 머무는 동안 루소가 겪은 가장 큰 사건은 두드토 부인Comtesse d'Houdetot에게 사랑을 느낀 것이었다. 루소는 이것이 일생에 단 한 번뿐인 진정한 사랑이었다고 거듭해서 말했다. 두드토 부인은 데피네 부인의 사촌이자 올케로 1730년에 태어났으며, 당시 생-

랑베르Saint-Lambert라는 "연인"이 있었다. 두드토 부인에 대한 이루지 못할 사랑, 그리고 특히 그에 대한 친구들의 행동은 루소가 "고립"을 선택하게 된 중요한 요인이었다.

루소는 데피네 부인, 디드로, 그림 등과 충돌하고 결국 데피네 부인에게 "빌린" 에르미타주를 떠나 몽 루이라는 곳으로 거처를 옮겼다. "선택한 고립"은 루소에게 때로는 "강요당한 고립"의 양상을 띠었다.

이렇게 해서 다시 새로운 루소의 모습이 탄생했다. 후원자의 후의를 짓밟은 배은망덕한 작가이자 계몽 사회의 상식을 무시하고 그 사회를 버린 **척하는** 이단아. 제멋대로 구는 이기적이고 무뚝뚝한 철학자.

"사회를 버린다"는 부분과 관련해 하나만 확인하고 넘어가자. 무수한 협업 수단이 있는 오늘날의 디지털 사회에서는 글자 그대로 사회에서 멀리 떨어져서 사고하는 것도 가능하다. 하지만 루소가 살던 시대에는 이것이 도전이자 명백한 도발로 받아들여졌다.

3. 넘치는 아이디어
|『달랑베르에게 보내는 편지』

『인간 불평등 기원론』을 출간하고 에르미타주에서 머물다 몽루이로 거처를 옮긴 이 시기에 루소는 사생활과 관련된 무수한 고민과 문제를 안고 있었다. 병마에도 시달렸다(다양한 병을 앓았던 루소를 평생 괴롭힌 것은 요폐, 즉 배뇨 장애였다). 그런 와중에도 루소는 다양한 저작을 구상하고 집필했다. 출간용이 아닌 글, 완성되지 않은 글까지 포함하면 경이로운 분량이다.

에르미타주에 살기 전에 쓴 미완의 초고로는 "전쟁법의 원리"와 이미 말한 "선율의 기원"이 있다. 『신 엘로이즈』의 구상과 집필도 시작했다. 아베 드 생피에르Abbé de Saint-Pierre와 관련된 것으로 알려진 발췌 작성과 비판적 검토 작업도 한다. 두드토 부인을 향한 사랑은 "도덕에 관한 편지"라는 기묘한 편지로 탄생했다. 이는 데카르트의 『방법서설Discours de la Méthode』의 형식을 빌리면서 데카르트와는 전혀 다른 길을 걸으며 "도덕 규칙"과

"사고법"과 처세술에 대해 소피, 다시 말해 두드토 부인에게 알기 쉽게 설명하는 기묘하지만 매우 중요한 "편지"이다. 『사회계약론』이나 『에밀』로 결실을 본 구상도 이때 이루어졌다. 모든 것을 꼽자면 한이 없다.

『달랑베르에게 보내는 편지』

그러나 이러한 작품들에는 공통된 요소가 있다. 이제는 프랑스 문화의 대표자가 된 파리의 친구들, 다시 말해 계몽 지식인들에게서 이탈했다는 점이다. 그것이 가장 분명히 드러나는 작품이 『달랑베르에게 보내는 편지』이다.

계기는 1757년 『백과전서』 제7권에 달랑베르가 발표한 "제네바" 항목이었다. 정말로 잘 쓰인 항목이다. 단, 달랑베르는 제네바의 목사들을 이단의 대명사인 "소치니파"라고 묘사했다. 나아가 제네바를 "진보적" 도시국가로 찬양하면서 극장과 연극이 금지된 이 땅에 극장을 설립하자고 제안했다. 루소는 여기에 반론을 제기했다. "조국"을 지키기 위해 진보적 문화를 도입하는 데에 단호히 반대한 것이다.

종교, 사치, 불평등, 극장과 "경제"나 풍속의 관계와 같이, 이 저작에는 수많은 논점이 있다. 여기에서는 연극 자체에 대한 논의만을 살펴보고자 한다.

사실 연극과 극장, 남배우와 여배우들에 관해서는 매우 긴 논쟁의 역사가 있다. 최대한 단순화해서 말하면, 극장 설립의 반대파인 신학자들은 연극을 부도덕하고 위험한 것이라며 비판했고, 옹호자들은 극장을 교화의 장으로 사용할 수 있다고 주장했다. 계몽 지식인들은 그들 고유의 논리로 연극을 옹호하고 새로운 도덕적 연극을 모색했다. 계몽해야 할 "대중"인 관객에게 걸맞은 "대중"을 위한 연극이 필요하다는 것이다. 디드로도 그 길을 걸었으며, 실제로 새로운 극작품을 만들었고 독창적 연극론을 집필했다.

"대중"의 힘

그러면 루소는 어떤가. 루소는 파리에서는 그들과 함께 매일같이 극장에 갈 정도로 연극광이었다. 이미 살펴본 대로, 직접 극작품도 지었다. 물론 "오페라"도 만들었다. 거기에 『달랑베르에게 보내는 편지』이후에도 「피그말리온Pygmalion」이라는 음악극을 만들기도 했다. 루소의 미학 사상의 정수라고 일컬어지는 걸작이다.

그런 루소가 도대체 어떻게 연극을 비판했을까?

루소의 독창성은 "대중"인 관객의 힘에 주목했다는 데에 있다. 현대식으로 말하면 "대중"은 구매, 조회수, 인용, 코멘트, 확산 등을 통해 힘을 행사한다. 때로는 폭력도 휘두른다. 따라서 대중을 계몽하려는 극작가는 "자유롭지" 못하다. 대중의 마음에 들어야 하기 때문이다. 대중에 예속되는 법칙, 이것이 루소 연극론의 출발점이다. 배우도 그 법칙에서 자유롭지 못하다. 배우는 자신의 의지가 아니라 타자의 의지에 따라, 관객이 바라는 대로 연기하는 존재이기 때문이다. 여배우가 돈을 벌기 위해서는 대중에게 드러내 보이고 보는 사람의 욕망을 환기시키고 그 욕망을 채워주어야 한다.

그렇다면 대중, 다시 말해서 관객이 좋아하는 장소인 극장이란 대체 어떤 곳인가. 그곳은 쾌락만이 원칙이며, 정념을 채우기 위한 장소에 지나지 않는다. 정념이라고는 하지만 그것은 거짓 정념이다. 루소에게 극장이라는 공간은 거짓 정념이 찬양을 받고 모든 금기가 사라지는 위험한 쾌락의 공간인 셈이다. 실제로 관객들은 무대에서 벌어지는 정념에 따른 근친상간이나 근친살인 같은 대죄를 즐긴 뒤에 극장을 나서지 않는가.

이렇게 극장은 "덕"을 약화시킨다. "덕"은 공화국, 루소가 생각하는 제네바 "정치"의 근간을 이루는 요소이다. 이 "덕"을 지키기 위해서 "양성兩性의 분리"가 반드시 필요하다. 루소에 따르면 진정한 "덕"은 남성성 그 자체이며, "덕"이야말로 정념에 저항하는 힘이기 때문이다. 이렇게 해서 『달랑베르에게 보내는 편지』는 오늘날 악명 높은 "양성의 분리"로 많은 페이지가 너덜너덜해진다.

스펙터클 효과

이렇듯 연극이 공화국을 파괴할지도 모를 위험한 문화장치라면, 단순히 연극을 배제하는 것으로 충분할까?

전혀 그렇지 않다. 루소에 따르면 거꾸로 보다 많은 "스펙터클" 효과가 필요해진다. "그 [스펙터클]은 공화국에서 탄생했습니다. 공화국 한가운데에서는 스펙터클이 진정한 축제의 모습으로 빛나는 광경을 볼 수 있습니다."

이런 축제에서는 대체 어떤 스펙터클 효과를 얻을 수 있을까?

아무것도 아닌 축제. 거의 "무無"에서 시작되어 거의 "모든 것"이 되는 축제. "광장 한복판에 꽃으로 장식한 한 개의 못"을 박고 사람들을 모은다. 그것으로 끝이다. 이외에는 아무것도 필요 없다. 그런 "무"에 가까운 지점에서 진정한 축제가 시작된다. 『신 엘로이즈』에는 유명한 "수확제"의 정경이 나오는데, 스펙터클은 어딘가 그 "수확제"와도 비슷하다. 『언어 기원에 관한 시론』에서도 유명한 인류 "최초의 축제"가 그려진다. 그 "축제"를 상기하는 듯이 보이는 축제. 거기에서는 관객으로 보이는 자가 행위자인 연기자와 공명하고, 주체와 객체가 일치되며 자신의 모든 것을 드러낸다.

오늘날 과연 그런 축제가 존재할까? 스펙터클과 정치, 정치와 스펙터클의 "위험한 관계"를 우리는 질릴 정도로 경험했다. 하지만 과연 디지털 기술이 정말로 공공의 축제를 가능하게 할 수 있을까? 아니, 그렇지 않을 것이다. 원래 그러한 축제는 루소 시대의 제네바에도 존재하지 않았다. 루소는 오로지 "글"만으로 그것을 생생하게, 어디까지나 현실적으로 재현하여 상연하는 데에 성공했던 것이다. 또다시 이상적인 "아버지"를 등장시키면서.

정리하자면, 『달랑베르에게 보내는 편지』는 우리에게 난제로 남아 있는 질문—제어가 불가능한 "대중"의 힘, 스펙터클과 정치의 관계와 공공성—을 생각해볼 실마리를 준다. 또한 연기하는 것에 감춰진 정치성에 관해서도.

이반

이렇게 해서 루소는 파리의 친구들과 한없이 멀어진 것처럼 보인다. 실제로 루소는 서문에서 "분신 같은 친구"

인 디드로와의 결별을 표명한다. 물론, 이별을 못내 아쉬워하는 마음이 행간에서 배어 나온다. 그런 의미에서 『달랑베르에게 보내는 편지』는 달랑베르와 그 주변에 있는 사람들에게 보내는 작별인사이기도 했다(예의상의 관계는 계속된다). 어쩔 수 없이 미련 같은 감정이 넘쳐 흐르지만 말이다. 게다가 이 글은 두드토 부인과의, 아니 두드토 부인을 사랑한 과거의 자신에게 작별을 고하는 글이기도 했다. 그는 두 번 다시 돌아갈 수 없는 과거와의 가슴 아픈 이별을 고한 것이다. 그렇지 않으면 의지에 반하여(?) 집요하게 되풀이되는 찬미로밖에 느껴지지 않는, 극장의 매력과 연극의 매력에 관한 압도적 표현을 대체 어떻게 이해하면 좋다는 말인가.

여기에 덧붙여야 할 작별이 하나 더 있다. 바로 볼테르와의 결별이다. 그 시기에 관해서는 여러 가지 설이 있다. 당시 지식인에게 충격을 준 1755년의 리스본 대지진을 둘러싸고 루소는 통칭 "볼테르 씨에게 보내는 편지"라는 반론을 썼다. 『달랑베르에게 보내는 편지』에서는 당연히 그 시대에 가장 중요한 극작가인 볼테르의 작품도 자세히 논하고 있다. 여하튼 루소는 첫 번째 "스승" 라모와 단절한 것처럼 이로써 이 "스승"과도 결별하게 된다. 온 유럽에 네트워크를 가진 이 지식의 거인까지 적으로 돌려버린 것이다. 『관용론*Traité sur la Tolérance*』(1763)으로 유명한 볼테르는 분명히 이 시기에 가장 너그럽지 않은 사상가 중 한 명이었는데, 덕분에 그의 공격 대상이 되고 말았다.

4. 새로운 인연과 『신 엘로이즈』

이렇게 해서 데피네 부인과 그 모임, 과거의 동지였던 파리의 친구들과 결별한 루소는 완전히 고립되었을까? 물론 그렇지는 않다. 친한 친구들은 잃었지만 루소에게는 아직 그를 지지하는 지인들이 있었다.

그러면 그를 옹호했던 사람들은 어떨까? 이에 관해서는 결정적인 사건이 일어난다. 뤽상부르 공작 부부

ducs de Luxembourg라는 후원자가 등장한 것이다. 유복한 총괄징세청부인과 "보통"의 귀족은 사정이 다르다. 뤽상부르 공작은 원수였던 궁정과 군에서의 지위로 보나, 온갖 관직과 작위, 가문으로 보나, 소유한 재산으로 보나 귀족 중에서도 최상위층에 속한 존재였다. 그런 대귀족이 일개 지식인에게 접근한다면 어떤 목적이 있다고 생각하는 것이 보통일 것이다. 하지만 루소는 "자유"와 "독립"을 지키면서 "원수"와 신분의 벽을 넘은 "평등한" "우정"을 쌓을 수 있다고 믿었다. 아니, 믿으려고 했다.

이 사례가 단적으로 보여주듯이, 루소에 대해 새로운 이미지를 가진 지지자 같은 존재들이 생기기 시작했다. 아무래도 이 지식인은 단순한 인재나 도발적 논쟁가와는 다른 특별한 인물이 아닐까 하고 막연하게 생각하는 사람들이 보이지 않는 곳에서, 하지만 확실하게 늘어나기 시작한 것이다. 그렇게 지금까지의 부정적인 이미지를 전부 무너트리는 대사건이 발생한다. 바로『쥘리, 신 엘로이즈』의 출간이다.

장대한 장편소설

현대의 독자는 대부분 이 서간체 소설을 보고 그 장황함에 아연실색할 것이다. 작품은 6부로 구성되어 있다.

무대는 시골의 호숫가. 신분이 다른 연인들, 귀족 아가씨 쥘리와 그 가정교사 생프뢰는 좋은 상담 상대인 사촌 클레르의 도움을 받으며 사랑을 키운다. 하지만 귀족적 명예를 중시하는 쥘리의 부친 데탕주 남작은 평민 생프뢰를 경멸하고 딸을 신분에 맞는 자신의 친구와 결혼시키려 한다. 연인들의 마음을 잘 이해했던 에드워드 경은 남작에게 두 사람이 열렬하게 사랑하고 있다며 결혼을 인정해줄 것을 권하지만, 이것이 부친의 분노를 더욱 키워서 연인들은 이별하게 된다(제1부). 가슴 아픈 이별 후, 생프뢰는 파리로 떠난다. 그래도 두 사람은 남들의 눈을 피해 계속해서 편지를 주고받다가, 쥘리의 어머니 데탕주 부인에게 편지를 들킨다(제2부). 깊은 상처를 받은 쥘리의 어머니는 그 일로 쓰러져세상을 떠나고 쥘리는 심한 마음의 가책을 느낀다. 결국 쥘리는 생프뢰와의 결혼을 포기하고 아버지의 친구이자 나이가 훨씬 위인 볼마르와 결혼한다. 그 사이에 쥘리는 교회에서 "회개"와 같은 마음의 격렬한 변화를 경험하고 정숙한 아내가 되기로 맹세한다(제3부).

4년 후 배를 타고 세계 일주에 나섰던 생프뢰가 돌아오자, 볼마르는 연인들의 과거를 알면서도 아내의 정숙함을 믿고 아이들과 함께 사는 클라랑에 생프뢰를 초대한다. 과거의 연인들, 특히 생프뢰는 수많은 생각과 유혹에 사로잡히지만 거기에 넘어가지 않는다(제4부). 생프뢰는 에드워드 경에게 쥘리와 볼마르가 이루어낸 "가족"이라는 멋진 공동체에 대해 편지를 쓰고, 그 일원이 되려고 노력한다(제5부). 쥘리는 "소중한 사람들"과의 새로운 "삶"을 구상한다. 남편을 잃은 클레르에게는 재혼을 권하고 생프뢰에게도 클레르와의 결혼을 제안하지만, 두 사람 모두 이 제안을 거절한다. 그리고 쥘리는 어느 날 산책 도중 실수로 호수에 빠진 아들을 구하기 위해 물속으로 뛰어든다. 그 일로 세상을 떠난 쥘리는 마지막으로 죽음이 하늘의 축복이라고 고백한다(제6부).

폭발적 성공과 독자의 놀라움

어린 시절부터 독서광이었던 루소는 "진지한 읽을거리" 뿐만 아니라 "진지하지 않은 읽을거리"인 소설을 평생 사랑하여 수없이 많은 고금의 소설을 읽었다. 그런 소설 애호가가 전혀 다른 새로운 소설을 만들어내려고 했다. 루소가 특별히 염두에 둔 작품과 작가도 알려져 있다(새 뮤얼 리처드슨Samuel Richardson과 아베 프레보Abbe Prevost 등). 그리고 동시대의 많은 독자들이 실제로『신 엘로이즈』 를 그때까지 본 적이 없는 "소설", 다시 말해서 "진지한 읽을거리"인 소설이자 고상한 책이라며 충격을 받았다. 이 책은 단지 세기의 베스트셀러가 되었을 뿐만 아니라, 많은 독자들의 세계관과 정신의 상태까지 바꿔놓았다.

행복하고 관능적인 사랑 이야기는 제1부에서 일찌감 치 마무리되고, 제2부와 제3부는 헤어진 상태에서도 계 속되는 사랑과 "아버지의 뜻"에 따라 "질서"를 지키겠 다고 결심하기에 이르는 여성의 고뇌를 이야기한다. 그 리고 제4부부터는 겨우 다시 태어나 "덕", 다시 말해 정 절을 지키고 아내로서 가정을 건사하려는 쥘리와 그의 유일한 고민—남편이 "하느님을 믿지 못하는" 것—을 두고 이야기가 진행된다. 그리고 마지막에는 쥘리가 실은 아주 오랫동안 생프뢰를 사랑해왔다는 사실이 독자에게 밝혀지고, 말하자면 쥘리가 죽음을 애타게 기다려온 모습이 그려진다. 다시 말해, 이 작품은 한 여성이 **스스로 생각하고, 스스로 의지하고, 스스로 행동하고, 스스로 선택하고,** 글자 그대로 삶과 죽음에 이르는 모습을 그린 소설이기도 한 것이다.

당시 독자는 루소가 소설이라는 장치를 빌려 자신들에게 수많은 질문을 던지고 있다고 느꼈다. 진정한 사랑이란 무엇인가. 신분의 차이는 무엇인가. 사랑의 기쁨과 슬픔은 무엇인가. 성적 쾌락과 정신적 기쁨은 어떤 관계가 있는가. "가족"의 본질은 무엇인가. 사회의 "질서"란 무엇인가. 진정한 우정이란 무엇인가. 믿음이란 무엇인가. 철학이란 무엇인가. 여성이란 어떤 존재인가. 남성이란 어떤 존재인가. 도덕적으로 산다는 것은 어떤 의미를 가지는가. 그리고 무엇보다 진정한 행복이란 무엇인가.

"성"과 "젠더"를 다시 묻다

이 장대한 작품에는 현대 독자의 눈에는 언뜻 보면 주제에서 벗어난 다양한 논의가 담겨 있다. 정치, 경제, 가정, 철학, 종교, 평등과 불평등, 도시와 시골, 사치, 풍속, 통치, 음악, 연극……이러한 논의가 이야기 속에 교묘하게 녹아 있는 것이다. 따라서 당연히 이 작품도 다양한 해석이 가능하다. 여기에서는 두 가지 현대성만 제시하겠다.

먼저 이 다면적 작품은 넓은 의미에서 "정신분석적"으로 읽어야 한다는 견해가 있다. 실제로 『신 엘로이즈』는 "리비도", "충동", "욕망", "검열", "억압", "부정", "초자아", "죽음의 충동", "거세 콤플렉스", "남근", "거울 단계" 같은 개념을 들기 위해서 쓰인 것 같은 작품이다. 광대한 "무의식"의 우주를 그리고 있기 때문이다. 너무나 "정신분석적"인 작품이어서 이 작품을 단서로 정신분석 자체를 재검토하려는 시도가 있을 정도이다.

이런 맥락에서 루소는 "성"과 "젠더" 이론을 극한까지 밀어붙인 것처럼 보이기도 한다. 루소는 여성인 쥘리의 "극한의 욕망"을 묘사했다. 클레르에게는 "아내"라는 것, "엄마"라는 것, 나아가서는 여성성 그 자체를 거부하게 만들고 그녀의 입을 빌려 이렇게까지 묻는다. "영혼에 성별이 있을까?" 나아가 생프뢰에게서는 남성성을 완전히 지워버린다. 그리고 "탈성화脫姓化"된 그들의 "욕망"의 심층을 파악하려고 한다. 참고로 에드워드 경과 같은 다른 등장인물도 특이한 "성" 문제를 안고 있다.

따라서 이 소설을 주의 깊게 읽은 현대의 독자는 이렇게 확신할 것이다. "남성성/여성성이라는 억압적 분류를 만든 차별적인 이론가"라는 루소의 이미지는 너무나도 피상적이라고 말이다. 오히려 일부러 시대착오적으로 읽게 하여 "성"과 "젠더" 이론을 심화시켜주는 계기가 되고 있지 않느냐고 말이다.

또 하나는 이 소설을 다른 작품과 연관 지어 읽으려는 해석이다. 『신 엘로이즈』는 『인간 불평등 기원론』, 『달랑베르에게 보내는 편지』와 훗날의 『사회계약론』, 『에밀』 등에서 논하게 될 다양한 주제와, 루소가 자신의 사상의 "전부"를 쏟아낸 것 같은 철학소설, 정치소설이다. 내용을 보더라도, 집필 상황과 시기를 보더라도 그러한 모습을 엿볼 수 있다.

그럼에도 마치 철학소설이 철학 자체는 아니라는 듯이 루소의 철학과 따로 논하는 것이 일반적이다. 우리가 자명한 것으로 여기는 각 학문 분야의 규칙이 알게 모르게 그것을 금하고 있는지도 모른다. 이 작품은 앞으로 다가올 세대의 독자들이 법학, 경제학, 사회학을 비롯한 다양한 시점에서 새로운 종합적 해석을 해주기를 손꼽아 기다리고 있는 것만 같다.

제3장

재생을 위한 시작

창조하기 위해서 파괴하는 것

이제는 정신적 지도자 같은 존재가 된 **"계몽주의의 비판자"** 루소. 그는 1762년에『사회계약론』과『에밀』을 출간한다.『사회계약론』이 불필요한 부분을 "전부" 쳐낸 듯한 "소론"이라면,『에밀』은 주제와 관련된 "모든 것"을 집어넣은 듯한 장문의 작품이다. 너무나 대조적이어서 전혀 관계가 없는 것처럼 보인다. 하지만 두 작품은 주제 면에서도 방법 면에서도 밀접하게 관련되어 있다. 루소는 출간 직전, 한 편지에서『사회계약론』을『에밀』을 "보충한 것"에 불과하다고 말했다. 그후에는 이 "소론"을 표면상으로 거의 평가하지 않았으나, 이 작품도

매우 중요하다. 지금까지 하던 대로, 가장 표준적으로
보이는 길 **하나**를 따라가보자.

1. 어떻게 하면 정통성 있는 국가를 설립할 수 있을까
|『사회계약론』

"머리말"에서 루소는 먼저『사회계약론』이 "더 큰 작품"
에서 뽑아낸 것이라고 설명한다. 그 "작품"은 정치의 총
체를 다루려고 했던 예의 "정치제도론"을 가리킨다. 이
어지는 "서문"에서 그는 또다시 "조국" 제네바를 찬양
한 후, 짤막한 글로 책의 목적을 밝힌다. "정의"와 "효
용"을 공존시키면서 ① 정치적 권위를 만드는 정통성
의 원리를 밝히고, ② 정치체(국가를 가리킨다) 조직의
이상적인 모습을 탐구하는 것이다. 바꿔 말하면 모든
실정법實定法, 특히 공법(현대 법학과는 의미가 다르다)에
앞서는 국법, 즉 국제법의 원리를 정하는 것이다.

단념의 책?

여기서도 다시 한번 현대식으로 표현해서 도식화해보자. 지금까지 살펴본『인간 불평등 기원론』등을 들여다보면, 좁은 의미의 "정치"와 "정의"에 관한 루소의 사고를 크게 세 가지로 나눌 수 있다. ① "인간", 즉 집단 내의 한 개인에서 출발하는 것. 그 중심에『에밀』이 있다. ② 여러 공동체, 특히 "국가"를 대상으로 하는 것. ③ "국가" 간의 관계, 특히 다국간 관계, 국제관계를 대상으로 하는 것이다.

루소는 앞에서 다룬『전쟁법의 원리』와 생 피에르 관련 저작으로 불리는 저작들에서 "교역", "통상" 같은 국제관계나 "만민법", "국가연합" 같은 국가 간의 제반 문제들, 특히 전쟁과 평화, 루소의 말로 하면 "영구평화"와 그 실현의 어려움에 관해서 독자적인 시점으로 깊고 넓게 탐구했다. "하루"라도 실현되면 반드시 "영원히" 계속될 것만 같은 "평화", 그것을 유럽 열강 사이에서 구축하기가 얼마나 어려운지를 루소는 "사실"에서 출발하여 고찰했다. 훗날 코르시카, 폴란드의 통치를 논할 때에도 루소는 패권국가의 동향을 예의 주시하고 지정학을 중시한다. 이러한 루소의 국제관계론은 현대와는 전혀 다른 문맥 속에서 쓰였으나, 현대의 독자들에게 시사하는 바가 매우 크다. 아주 생생하다. 다만 그는 "국가" 간의 관계에 관해 한 권의 책으로 체계적으로 논한 적이 없었다. 국제 정세를 정확히 이해하지 않고 이상적 국가 형태를 논할 수는 없다. 아마도 그렇게 생각했을 텐데도 말이다.

그래서 루소는 『사회계약론』을 출간함으로써 그러한 문제를 포함한 "정치"의 총체를 다루는 작업을 단념한 것처럼 보인다. 물론 루소 본인이 직접 그렇게 썼다. 그러나 이는 "정치" 자체로 정치적 권위를 세우는 정통성의 원리라는 가장 본질적인 측면에서 접근하는 방법을 선택했다고 볼 수도 있다. 강대국 간의 끊임없는 전쟁과 그러한 전쟁에 관한 다양한 이론이 계속해서 암묵적으로 참조되고 있기 때문이다.

그렇다면 그 정통성의 원리란 대체 무엇일까? 『인간불평등 기원론』에서 그가 "가설적, 조건적 유추"라는 방법으로 정치 사회가 설립되는 "사실상"의 과정을 그린 것을 생각해보자. 그렇다, 이미 말한 바와 같이 『사회계약론』은 정치 사회를 만드는 "올바른" 과정에서 그 진정한 근거, 혹은 기초를 다지는 것에 관해 검토하는 논고라고 일단은 말할 수 있다.

불가사의한 사회계약(제1편)

제1편은 도대체 무엇이 설립된 정치권력의 정통성을 만드는지를 묻는다. 루소는 질주한다. 먼저 "자유"의 결정적인 중요성을 확인한 뒤, 정치적 권위 혹은 정치 체제를 놓고 정통성을 제외한 존립의 근거를 차례차례 부정한다. "부권"에 기반을 둔 권력. "강자의 규칙"이라고 해야 할 "힘"을 바탕으로 한 권력. 나아가서는 "복종계약"에 기반을 둔 권력. 우리가 지금까지 살펴본 저작에서 전개된 논의가 이 책에 얼마나 교묘히 짜여 있는가, 또 여기에서 어떤 사상가를 염두에 두었는가가 이미 명확하므로, 이 점을 굳이 깊이 파고들 필요는 없다. "전제주의의 지지자들"이라고 정리한 루소의 말로 충분한

것이다(제1장–제4장). 루소는 이러한 모든 주장을 "인민의 주권은 양도할 수 없다"는 『사회계약론』의 근간을 이루는 주장을 토대로 반박해간다.

이어서 루소는 마침내 정통적이고 정의가 실현된 정치적 권위의 기초를 다진다. 그것을 가능하게 한 것이 그 유명한 "사회계약"이다. 그런데 "사회계약"이란 대체 무엇일까? 루소의 인상적인 표현에 따르면, "인민이, 인민이 되는 행위"이며 "사회의 진정한 기초"가 되는 유일한 "결합 행위"이다(부디 학교와 기업 조직을 상상하지 않았으면 한다).

사회계약설이라는 학설은 긴 역사를 자랑한다. 사회계약설에 따르면 사회계약은 적어도 두 사람 이상의 계약 당사자를 전제로 한다. 그런데 루소가 말하는 계약은 그런 계약과 전혀 다르다. 흡사 "사회계약" 개념 자체의—바로 "자연 상태" 개념에 관해서 그랬듯—앞뒤가 바뀐 것 같지 않은가. 하지만 여기서는 일단 매우 특수한 계약이라고 이해하는 것으로 충분하다.

아니, 특수성을 굳이 강조할 필요도 없다. 루소는 장

래에 대한 가장 중대한 구속성을 가진 이 "사회계약"에 대해 **"만장일치", "만장일치 합의"**가 필요한 행위라고 분명하게 밝혔기 때문이다. 나아가서는 이 "시민의 결합"이 "모든 행위 중에서 **가장 자발적 행위**"라고 썼다.

그러다 보니 우리 현대를 사는 독자들은 벌써부터 당혹스럽다. 오늘날 민주주의 국가에서는 다원성, 다양성 및 분단과 양극화가 아닌 절도 있는 다수의 의견 대립을 중요하게 여기고, 정치에 대한 완전한 무관심이 극복하기 힘든 과제라고 본다. 그런데 루소는 "만장일치"에 "가장 자발적 행위" 없이는 아무것도 시작되지 않는다고 단언하는 것이다.

도대체 "가장 자발적"으로 "만장일치"하여 어떤 합의를 한다는 말일까?

결합하는 각자가 "자신이 가진 모든 것"을 "공동체 전체에 완전히 양도하는 것", 그리고 그것을 "일반의지의 최고 지휘 아래에 두는 것", 다시 말해서 **"일반의지"는 "사회계약" 없이는 존재하지 않는다**고 말하는 것이다.

그것만이 아니다. 루소는 "사회계약"을 새로운 "힘"을 부가한 "시작", 탄생, 새로 태어나는 것이라고 말한다. 과거에 이 "결합행위"를 루소는 자신의 지적 원천의 하나였던 "화학" 모형으로 설명하기도 했으나, 그 설명이 옳든 옳지 않든 간에 각자는 하나의 새로운 집합체가 되는 것이다.

이렇게 해서 각자가 "신민"으로서 주권의 구성원인 "자기"와 계약하고 각자가 전원에게 복종하면서도 결국에는 자기 자신에게만 복종한다. 그리고 "하나의 정신적이고 집합적인 단체"를 만들어내고, "그 통일성, 그 공동의 **자아**, 그 생명과 그 의지를 받아들인다"(루소가 강조함)(제5장-제6장). 다시 말해 "사회계약"으로 각 인민은 "주권자"의 "공동 **자아**"의 일부가 되는 것이다.

"주권"과 "일반의지"(제2편)

이 "사회계약"으로 극적인 변화가 일어난다. "인민"이 "주권자"가 되는 것을 루소는 "자연 상태"에서 "사회 상태"로의 이행, 다시 말해서 탈자연화라고 했다. 독자들도 눈치챘겠지만,『인간 불평등 기원론』과 같은 표현을 한 것이다. 원래 "사회계약"을 맺는 이유, 아니, 맺을 수밖에 없는 이유와 상황도『인간 불평등 기원론』의 그것과 흡사하다. 하지만『사회계약론』에서는 다음과 같은 말로『인간 불평등 기원론』과 차이를 둔다. "사회계약"이야말로, 아니 "사회계약"만이 "노예 상태"에서 벗어나 진정한 자유인 "정신적 자유"를 손에 넣게 해준다고. 다시 말해, 진정한 "권리"를 낳고 이상적인 "사회 상태"를 도래하게 만든다는 것이다(제1편 제7장-제9장).

제2편은 이렇게 태어난 "주권"과 "일반의지"에 관한 고찰이다. "주권"은 세 가지 특질을 가진다. ① 양도할 수 없다. ② 나눌 수 없다. ③ "일반의지"는 언제나 올바르다. 다만 그 "신성한 주권"도 무한하지는 않다. "일반적 합의의 한계"를 넘어서지 못하는 것이다. 제2편에서는 그것을 "삶과 죽음의 권리"와 관련하여 구체적으로 고찰한다. 물론 한계라고는 하지만 여기까지는 "주권"과 "일반의지"의 절대적 측면이 강조된다(제1장-제5장).

이쯤에서 덧붙이고 싶은 것이 있다. "일반의지"는 **하**

나의 "공동의 **자아**"로서 **하나**의 "공동의 이익"을 주체적으로 지향한다. 그래서 "일반의지"는 "전체의지", 즉 "특수의지"의 전체적인 합과는 엄격하게 구별된다. 그런데 루소는 "일반의지"가 탄생한 뒤에도 각 구성원이 저마다 "특수의지"를 존속시킨다고 분명하게 써놓았다. 톤이 완전히 바뀌는 제3편에서는 심지어 "특수의지가 일반의지에 반하여 끊임없이 작용한다"고 말한다. "일반의지"와 "특수의지"의 이 긴장 상태를 어떻게 풀 수 있을까(현재식으로 말하면 권력의 남용, 그 뒤에 오는 독재, 혹은 무임승차, "공동의 이익"에 대한 무관심, 분단, 결탁 등을 어떻게 해서 막을 것인가……). 그리고 그것이 『사회계약론』의 이 다음 부분의 중심 주제 중 하나가 된다고 할 수 있다.

입법의 어려움

그런데『사회계약론』은 "법에 관하여"라는 제목이 달린 제2편 제6장에서 일찍부터 큰 전환점에 접어든다. "법"은 "일반의지의 행위"이자 "사회적 결합의 조건"이기도 한데, 그렇다면 "입법"과 같은 어려운 사업은 어떻게 이루어질까? 지금까지 루소는 "인민"의 가능성과 잠재력을 강조해왔다. 그랬던 그가 "인민" 자체에는 "오성悟性"과 "의지"를 일치시킬 능력이 없다고 분명히 밝힌 것이다. 따라서 그는 법률을 제정하는, 오늘날의 단어로 바꿔 말하면 헌법제정권력을 가진 자를 대신할 예외적 능력을 갖춘 "입법자"가 반드시 필요하다고 말한다("입법자"는 분명히 단일 인물이다). 물론 "입법자"는 "행정기관"이 아니지만 "주권"도 아니다. "입법권"도 없다. 즉 어떤 의미에서도 정치체에 포함되지 않는다. 그 결과, 인민주권의 원리는 관철된다. 다만 그런 애타주의적 "천재"가 도대체 어디에 있다는 말인가(제7장).

그것만이 아니다. 이외에도 차례로 "입법"의 어려움이 제시된다. 루소는 "입법"이 가능해지기 위해 필요한 다양한 조건들—역사, 지리, 지형, 재화, 교역, 인구 같은 조건들—을 이래도 되나 싶을 정도로 상세히 열거한다(제8장–제11장). 그리고 마지막으로 법을 분류하는데, 거기에서 가장 중시되는 것이 "풍속, 관습, 여론"이다(제12장).

이렇게 해서 "일반의지"가 무엇인지 차츰 명확해진다.

① "일반의지"는 정치체의 "공동의 이익"을 바라는 "주권"의 구성원인 각 시민의 의지이다. ② 이 "일반의지"가 일반적인 이유는 모든 구성원의 의지이며, 모든 구성원에게 "법"으로 적용되기 때문이다. ③ 나아가 "일반의지"가 일반적인 것은 의지가 "일반화" 작업에 따라 끊임없이 정치체에 유익한지 검토되기 때문이다. 이렇게 해서 각 시민은 새로운 의미를 부여받은 "자유"를 누리면서 자진하여 시민으로서 "의무"를 다하는 책무를 진다.

"일반의지"는 아주 복잡한 개념이라서 더 이상 현대식으로 바꿔 말하기는 어렵다. 『사회계약론』의 개괄한 뒤에 다시 한번 이를 검토하자.

정치적 권위의 실천(제3편)

제3편에서는 성립된 정치체가 "일반의지"를 존속하기 위해서 필요한 구성, 구조, 국가제도를 다룬다. "주권"

에 대해 정부가 어떤 위치에 있는지를 확인한 뒤에(예의 정부와 주권의 엄격한 구별이다), 이른바 정체론政體論이 펼쳐진다. 물론 정체론은 고대까지 거슬러 올라간다. 대표적인 예는 아리스토텔레스의 정체론이다. 몽테스키외는 『법의 정신』에서 굳이 "전제 정체"를 세 종류의 정체 안에 두어 정체론에 혁신을 가져왔다. 루소의 경우는 인민이 주권을 가진 모든 국가를 "공화국"으로 정의했으므로 민주정, 귀족정, 군주정을 바탕으로 정부를 검토했다.

이를 검토할 때에도 루소의 입장은 일관된다. 어느 정체나 주권은 인민에게 있지만, 모든 정부에는 언제나 타락하는 경향이 있다는 것이다. 그리고 정부의 폭주, 월권, 찬탈의 위험성이 차례로 제시된다. 마치 정치체의 존속이 이룰 수 없는 꿈이라도 되는 양. 이렇게 해서 "일반의지"의 새로운 측면이 부각된다. 매일같이 국가의 "쇠퇴"와 정부의 "폭주"에 대한 소식을 듣는 독자에게는 가장 생생하게 느껴지는 부분일지도 모른다.

연대를 얻기 위해(제4편)

그렇다면 "일반의지"를 존속시키기 위해서 어떻게 정치체를 "결속시키고" 유대하게 만들어야 하는가가 문제가 된다. 제4편에서는 그것이 온갖 제도와 관련되어 논의된다. 이때 루소는 고대 로마의 제도를 참고한다. 몽테스키외가 "법"과 "정치"를 생각할 때 로마를 참조했다면, 루소는 정치체와 "일반의지"를 존속시키기 위한 장치를 생각할 때 로마의 제도를 자유롭게 이용했다. "민회", "호민관", "독재" 같은 제도 말이다. 그리고 무엇보다 중요하게 여기는 "풍속"(『달랑베르에게 보내는 편지』가 참조된다)을 지키고 "여론"을 이끄는 제도로서 "감찰제도"를 꼽고, 사회적 연대의 초석이 되는 "시민종교"의 필요성을 역설했다.

여기까지, 굳이 전체의 흐름을 살펴본 데에는 이유가 있다. 독자가 관심을 가진 일부만 자기 편리한 대로 잘라서 해석하는 사례가 너무나도 많기 때문이다. 다시 한번 정리해보자.

정통적인, 막 태어난 "일반의지"에 입각한 정치체는

(루소의 말에 따르면 "정치체"에 "존재"와 "생명"을 부여하는 단계), 이제 "주권"이 나아갈 길을 정하는 단계("운동"과 "의지"를 부여하는 단계)에서 무수한 어려움에 직면한다. 정치체가 직접 정부를 세우는 단계("집행권"을 행사하는 제반 "기관"을 두는 단계)에서는 수많은 어려움이 발생하고, 나아가 "일반의지"를 존속시키기 위한 제도 설계가 검토될 때에는(나아가 필요한 제도들을 정비할 때에는), 수많은 위기에 직면한다. 그리고 루소는 이에 대해 자세히 설명한다.

정통성의 원리를 보여준다는 것은 이 힘든 과정을 보여주는 것이나 다름없다. 길은 좁고 험난하다. 하지만 이념이든 있는 그대로의 상태에서 출발한 구상이든 간에 길은 존재한다. 일단은 이렇게 정리해보자.

우리의 어려움

이 논고는 아마도 루소의 저작들 중에서 오늘날 가장 많이 참조되는 동시에 현재에 적용하기가 가장 어려운 논고이기도 할 것이다. 생각해보자. 루소는 "사회계약", 즉 "만장일치"된 "가장 자발적 행위" 없이는 **아무 것도 시작할 수 없다**고 단언했다. 그렇다면 이론상으로라도 우리가 그런 계약을 맺는 자신을 상상할 수 있을까? 루소는 "일반의지"가 존속하려면 "시민종교"가 반드시 필요하다고 말했다. 그렇다면 정치와 종교의 분리가 서양 근대 정치의 상식이라고 배운 우리는 이것을 어떻게 이해해야 할까? 『사회계약론』을 처음부터 끝까지 읽으면 우리는 좋든 싫든 공고하지만 배타적인 사회 집단을 상상하게 된다. 그렇다면 "민족"이나 "국민국가" 등은 극복해야 할 근대의 잔재라고 배운 우리는 이것을 어떻게 이해해야 할까?

문제는 거기에서 끝나지 않는다. 가령 루소는 "국회의원", "대표자"를 완전히 부정한다. 현대식으로 말하면 우리에게는 민주주의의 상식이라고 할 수 있는 대의제, 의회 민주주의를 철저히 비판한 것이다. 루소는 "주권은 대표될 수 없다"고 분명하게 말했다. 그리고 대표, 대리, 대행을 단호히 거부한다. 애초에 "선거"는 무엇인가를 선택하거나 결정하는 장치라기보다 "일반의지"의 확인 작업, 다시 말해서, 자신들이 하나의 견고한 "일반의지"를 가지고 있음을 확인하는 작업이라는 의미가 강하다. "숙의熟議"도 오늘날과는 전혀 다른 의미로 쓰였다.

이러한 수많은 의문들을 생각해보기 위해 조금 돌아가서 이 저작이 수용된 역사를 빠르게 돌아보자.

어떻게 읽혔는가

1794년, 루소는 국민적인 위인을 기리는 묘소인 팡테옹에 안치된다. 루소가 프랑스 혁명기에 열광적 숭배의 대상이 된 것은 사실이다. 그런데 실제로 1789년 전까지 『사회계약론』은 사람들의 관심 밖에 있었다. 면밀히 진행된 수많은 역사 연구에 따르면, 이 점에는 이제 의심의 여지가 없다. 다시 말해, 1789년에 일어난 사건과 『사회계약론』 사이에는 아무런 관계가 없다. 1789년 이후 『사회계약론』의 인기가 폭발적으로 늘어난 것은 사실이지만, 당초에 혁명파만이 아니라 혁명반대파도 이 책을 읽고 이용했다. 게다가 혁명의 빛나는 유산으로 꼽히는 "인권선언"("인간과 시민의 권리 선언")의 탄생에 루소가 미친 영향력이 매우 한정적이었다는 사실도 이미 밝혀졌다. 즉 처음부터 『사회계약론』을 오독하고 "일반의지" 개념을 곡해했다는 말이다. "혁명"이라는 말이 거의 모멸어가 된 오늘날, "루소주의자" 로베스피에르Maximilien de Robespierre를 공포정치의 독재자로 정의하고, 그가 루소에 대해서 이해한 것을 "오독"의 전형으로 봄으로써 루소에게 "면죄부를 주려는" 수법이 일반적이 되었다. 혁명 "후기"에 일어난 일로부터 루소를 완전히 떼어놓으려고 하는 것이다. 나는 이러한 방법이 매우 위험하다고 생각한다. 정말 자기 좋을 대로 읽는 것이 아닌가. 로베스피에르에 의한 "오독"도 루소를 이해하는 멋진 방법들 중 하나이다.

그후로 무수한 해석이 나온다. 가장 대표적인 것이 칸트와 헤겔의 해석이다. 그로부터 긴 해석의 역사, 바꿔 말하면 "오독"의 역사가 줄곧 이어진다. 여기에서 자세히 설명할 수는 없지만, 『사회계약론』은 늘 각 시대, 각 지역의 사조를 비추는 거울이었다. 앞에서 내가 "객관적으로" 보여주려고 했던 개요도 물론 하나의 주관적 해석이며, 따라서 "오독"이 될 수도 있다.

"지금, 여기"에서 어떻게 읽을까

이것을 염두에 두고, 어떻게 하면 현재에 적용할 수 있는지를 "일반의지"와 "사회계약" 개념을 중심으로 다시 한번 생각해보자. 그러기 위해 최근 반세기 동안에 있었던 일들 중에, 독자들에게 친숙한 몇 가지 사례들을 골라 살펴보려고 한다.

가령 수십 년 전에는 루소가 말하는 "일반의지"를 설명하기 위해 게임 이론과 사회적 선택 이론이라는 이론, 특히 "콩도르세의 역설"(18세기 후반 콩도르세가 지적한 것으로, 단순 다수결을 통한 투표가 구성원의 선호를 제대로 반영하지 못하는 현상을 말한다/역주)이라는 방법이 활용되었다. 사회적 선택 이론은 더 나은 의지를 집약하기 위해서 국민의 의지를 현실에 반영시키려는 시도이다. 물론 이 이론은 "일반의지"의 일부 측면, "일반의지"와 "전체의지"의 차이를 설명하는 것처럼 보인다.

사실, 이미 말한 것처럼 루소는 당시 "유행하던" 수학에 푹 빠졌던 시기가 있었다. 하지만 이 이론으로는 우리가 본 다면적인 "일반의지" 개념에서 극히 일부만 설명이 가능하다. 게다가 이러면 "사회계약"과 함께 시작되는 루소의 "일반의지"가 말살되고 만다. 물론 사회적 선택 이론 자체는 흥미로운 시도이지만, 이 이론에 근거하여 『사회계약론』을 설명하면 루소와는 상당히 멀어진다.

21세기의 정보환경을 이용한 제도의 구상에 관해서는 어떨까? 투표 장치의 전자화와 온라인 투표가 실제로 도입되는 곳이 있으니 온라인 직접 민주주의도 가능해지지 않을까? 그것을 앞서 추천하여 베스트셀러가 된 나리타 유스케의 『22세기 민주주의22世紀の民主主義』(2022)에서 제시된 바와 같이, 민의 데이터, 알고리즘, 정보, 데이터에 근거한 무의식 민주주의를 구상하는 일도 가능할지 모른다. 물론 이러한 구상 자체는 매력적이다. 하지만 책에서 실제로 말해주듯이, 또한 "무의식 민주주의"라는 표현 자체가 보여주듯이 그러한 구상은

루소가 말하는 "일반의지"와는 거의 무관하다.

　그렇다면 50년 이상 전에 출간되었으나 지금도 영향력을 잃지 않은 존 롤스의 『정의론 *A Theory of Justice*』(1971)으로 대표되는 신계약주의라는 개념은 어떨까? 롤스는 "자유"와 "평등"에 역점을 둔 현대의 정의가 어떻게 작동되는지를 보여주기 위해서 "사회계약"을 방법론적 가정, 가설로 교묘히 활용했다. 아주 중요한 구상이다. 하지만 이 구상도 루소의 구상과는 한없이 멀다. "일반의지" 개념을 고려하지 않기 때문이다. 훗날 롤스의 행보는 루소의 구상에서 한층 더 멀어진다.

　여기서는 보수적이든 혁신적이든 이러한 이론과 구상이 제시될 때, 특히 현상의 옹호와는 반대 방향으로 나아가려는 구상이 제시될 때, 암시적으로라도 루소의 『사회계약론』이 자주 상기된다는 점이 흥미롭다. 실제로는 루소의 구상과는 거의 무관하면서 대체 어떻게 이렇게 자주 루소가 참조되는 것일까? 루소의 논고에는, 특히 그 "일반의지", "사회계약" 개념에는 제도와 원칙을 다시 만들 것을 촉구하는 이상하면서도 엄청나게 강렬한 암시력이 있기 때문이다. "일반의지", "사회계약" 개념은 다양한 해석이 가능하며, 독자로 하여금 "지금, 여기"를 다시 묻고, 더 좋은 정치경제 체제를 위해 사고하라고 촉구한다.

2. 인간을 만든다
| 『에밀』

앞에서 본 바와 같이 『사회계약론』에서는 "일반의지"가 "사라지지" 않게 필요한 제도를 마련해놓았다. "풍속, 관습, 여론"에 영향을 미치는 제도, 즉 공교육 제도가 그것이다. 그런데 『에밀』에서 루소는 "공교육 제도"가 이제 어디에도 존재하지 않는다는 지점에서, 다시 말해 이제 "시민"을 만드는 것은 불가능하다는 지점에서 출발한다. 그렇다면 문제는 어떻게 해서 "인간"을 만드는가이다.

교육의 원리란 무엇인가

어떻게 "인간"을 만들어야 한다는 말인가. "자연을 관찰하고", "자연이 제시하는 길"을 따라가는 자연 교육에 의해서 만든다. 또 "자연"인가 하며 질색할지도 모르겠다. 실제로 『에밀』에서도 이 키워드에는 다양한 의미가 주어진다. 여기에서는 일단 "규범", "법칙", "인간 본성", "완성" 같은 의미로 이해해두었으면 한다.

그러면 "인간"을 만드는 교육 기술은 언제부터 시작된 것일까? 실은 여기에 루소의 놀랄 만한 혁신성이 있다. 일단 우리는 "신생아" 단계에서부터 시작해보자. 루소는 종종 "아이의 발견자"라고 칭송을 받는다. 실제로 그는 "신생아"에 관해 아주 자세히 논한다. "감각", "욕구", "언어"라는 당시의 철학 개념을 이용하여 "신생아"를 어떻게 "자유롭게" 키울지 검토했던 것이다. 가령 루소는 신생아를 배내옷으로 감싸는 당시의 관습을 아이의 자유를 빼앗고 아이를 구속하는 악습이라며 통렬히 비판한다(제1편).

새로운 교육의 추천

에밀이라는 이름의 아이가 성장한다. "말"을 하기 시작한 이 아이를 어떻게 기르면 좋을까. 교육은 "가정 교사"가 담당한다. 루소에 따르면 "언어"에 의한 양육이 가장 나쁜 양육 방법이다. 그러니 "언어"가 아니라 "사물에 의존하는 상태"에 머물러야 한다. 아이가 정말로 "필요"로 하는 것을 정확히 알고 그것만 주는 것이다. 이 단계에서 아이에게 인정되는 정념은 "자기애"뿐이어서 "분노"와 같은 다른 "정념"은 "언어" 사용을 금하여 생성을 막아야 한다.

아이는 차츰 "도덕적, 정신적 세계"에 들어서는데, 루소는 여기에서도 역시 당시의 상식적 교육법을 완전히 부정한다. 루소에 따르면 사물의 선악을 논리와 추론을 통해 가르쳐서는 절대로 안 된다. 책과 독서로 학문의 기초를 가르쳐서는 절대로 안 된다는 것이다. 그러지 말고 감각적 이성으로 교육하는 것이 올바르다. 그러한 교육을 하기 위한 준비가 "신체" 단련이다. 튼튼하고 활동적인 몸을 만들고 "감각을 키워서" 감각적 이성을 만드는 것이다. 『에밀』에서도 루소는 무수한 이론가들의 작업을 참조하는데, 이 부분에서 특히 콩디야크의 감각론 철학을 비판적으로 활용한다. 루소는 "촉각", "시각", "청각", "후각" 같은 개념을 능숙하게 다시 만들어낸다. 나아가 "공통 감각"이라는 "육감"에 대해 이야기하고 "감각적 이성", "지적 이성"으로 통하는 문을 연다(제2편).

이렇게 해서 아이는 지적 "호기심"을 가진다. 이 "호기심"을 이용하여 "우주", "지구" 무엇보다 자신이 사는 "토지"에 대해서 배울 수 있는 단계에 진입한다. 에밀은 교사의 지도를 받아 다양한 과학을 접한다. 이때 핵심이 되는 것이 "유용성"의 원리이다. 아이에게 그러한 지식과 기구가 유용하다는 점을 알려주어야 하는 것이다. 루소는 이렇게 해서 당시의 학습법을 쇄신한다.

그다음에 오는 것이 "일"이다. 에밀은 "노동"을 한다. 정말로 유익한 "기술"과 "직업"은 무엇인지, 사는 것이 무엇인지를 **배우고**, "사회관계 대한 관념"을 형성하기 위해서이다. 이렇게 해서 경험을 통해서 "판단력"이 길

러진다. 루소에 따르면 **새로운 로빈슨 크루소처럼** 말이다(제3편).

교육에서의 "성" 문제(제4편)

사실,『에밀』에는 치음부터 끝까지 끊임없이 "성" 문제가 등장한다. 이토록 "성" 문제에 집착하는 교육론, 인간론이 또 있을까? 제4편에서는 그 "성" 문제가 "폭풍의 전조와 같은 격변"으로 직접 다루어진다. 그리고 루소는 바로 이 시기에 사회적 감정을 습득해야 한다고 보았다.

가령 "동정심", "정의"란 무엇인가. "양심"이란 무엇인가. 이제 "인간을 통해서 사회를, 사회를 통해서 인간을 연구해야 한다". 오만한 행동을 피하고 선을 행하고 종국에는 "종교"도 배워야 한다. 그리고 마치 계산된 것처럼, 그 자리에 루소판『제일철학에 관한 성찰 *Meditationes de Prima Philosophia*』이라고 할 수 있는 "사부아 [사보이아] 사제의 신앙고백"이 나온다. 이것은 독립된 하나의 철학, 종교 철학의 선언문이라고 할 수도 있는

"긴 글"이다. 사제는 에밀에게 "철학", "존재", "감각", "우주", "신", "신의 속성", "영혼", "양심", "계시종교", "종교의 다양성", "예수그리스도"에 관해 말하고 "무신론"을 부정한다. 대체 무엇을 위해? 에밀 스스로 "생각하게 하기" 위해서이다.

이제 스스로 사고할 수 있는 "미개인" 같은 존재가 된 에밀. 하지만 "위기"에 처한 에밀을 어떻게 이끌어가면 좋을까? 에밀이 "정념의 노예"가 되는 것을 어떻게 하면 피할 수 있을까? 해답은 바로 성적 "욕망"의 폭발을 늦추는 것이다. 지연, 다시 말해서 뒤로 미루는 것은 언제나 교사의 중요한 기술 중 하나이다.

다만 이 단계에서 교사에게는 새로운 교육법과 "권위"가 필요하다. 그 "권위"를 손에 넣어 정념의 격발을 더욱 뒤로 미루는 것이다. 이렇게 해서 에밀에게 "반려자"를 만들어주기 위한 긴 준비가 시작된다. 사회의 관습과 예절을 익히게 하고, 부와 빈곤, 도시와 시골을 비교하고 풍속과 관습과 여론을 가르치면서.

에밀의 반려자를 찾다(제5편)

그러면 소피라는 이름의 에밀의 "반려자"는 대체 어떤 여성이어야 하는가. 제5편에서는 루소의 전 작품 중에서 오늘날 아마도 가장 평판이 나쁜 장대한 여성론, 여자교육론이 펼쳐진다. 소피에게 어울리는 교육도 소피에게 요구되는 자질도 에밀의 경우와는 전혀 다르다. 적당한 지성, 적당한 자유, 양친의 종교를 믿는 것, 다소곳함, 정숙함, 수치심, 청결함. 그리고 결혼에 관해서 고찰한 뒤, 에밀과 소피가 만나는 장면이 소설 형식으로 그려진다. 남은 것은 행복한 결혼을 기다리는 듯한 분위기이다.

그런데 바로 이때 "여행에 관하여"라는, 주제에서 벗어난 새로운 이야기가 시작된다. 에밀은 "2년 가까이" 여행을 떠난다. 결혼은 다시 뒤로 미뤄진다. 에밀은 다양한 풍속을 배우고 다양한 정치 체제를 배운다. 그리고 이번에도 계산된 것처럼 바로 그 장소에 "정치제도론"의 요약이 삽입된다. 여기에서 다시 『사회계약론』에 대해 말한 것을 떠올려보자. 이 부분은 바로 에밀을 사회에 걸맞은 "시민", 아니 다가올 미래의 "시민", "국민"만이 아니라 "세계시민", "국제인"이 될 수 있는 존재로 만들기 위해서 삽입된 것이다.

여행에서 돌아온 에밀은 드디어 소피와 맺어진다. 하지만 여행을 통해서 정통성의 이름에 걸맞은 "국가"가 어디에도 존재하지 않는다는 사실을 알게 된 에밀은 대체 어디에서 살아야 할까? 바로 조국에서이다. 이야기는 에밀이 교사에게 소피의 임신을 전하는 장면에서 끝난다.

자유와 자율을 찾아서

제5편의 연애 이야기까지 읽은 독자는 다음과 같은 의문을 품을 수도 있다. 과연 이 책은 소설일까, 철학서일까? 사실『에밀』에는 많은 소설적 삽화가 들어 있으며 특히 문제의 사랑 이야기는 완전히 상상력에 의존하여 쓰인 것으로 보인다.

루소는 서두에 "생각을 할 줄 아는 한 명의 좋은 어머니"를 위해 쓰려고 계획한 책이『에밀』이라고 보란 듯이 써놓았다. 게다가 소설적 삽화는 모두 읽을거리로서 매우 재미있다. 교사의 모습을 빌린 루소는 에밀과, 다시 말해서 독자와 즐거운 시간을 보낸다. 어느 날은 "소유권"의 개념을 알려주기 위해 함께 누에콩을 기르고, 어느 날은 천문학의 중요성을 일깨우기 위해 땀을 뻘뻘 흘리는 에밀과 함께 숲을 거닌다. 하지만 이러한 "경험"은 전부 교사가 주도적으로 준비해놓은 것이다. 에밀은 언제나 교사의 철저한 감시 아래에 있다. 때로는 사드 후작marquis de Sade의 작품과 비견될 정도의 감시를 받기도 한다. 아이에게 자유는 없다. 있는 것은 보이는 자유뿐이다. 오늘날의 독자의 눈에는 너무 잔인해 보일지도 모르지만, 이러한 서술 양식은 당시 철학서와 문학작품의 전형이었다.

문제는 이렇게 좁고 험한 길을 헤쳐나오듯 성장한 에밀이 최종적으로 정말로 자유로운 인간이 될 수 있느냐는 점이다. 칸트식으로 말하자면 "자유"와 불가분의 관계인 "자율"에 이를 수 있느냐는 것이다. 그것이 전형적으로 드러나는 부분이 마지막 장의 소설적 삽화일 것이다. "아버지"가 된다는 사실을 알게 된 에밀은 크게 기뻐하고 교사에게 그 소식을 전한다. 그런데 이 결정적인 순간에도 루소는 역시나 독자를 놀리듯이 결론을 모호한 상태로 남겨놓는다. 분명히 교사는 주어진 역할을 멋지게 해냈다. 하지만 에밀은 교사에게 이렇게 애원한다. "사는 동안, 당신이 필요하다"고.

"인간"이란 누구를 말하는가?

이러한 이중성과 철학적 질문에 관한 엄격한 사고가 공존하는 것이 『에밀』의 가장 큰 매력이다. 『에밀』은 루소에게 가장 중요한 질문인 "인간이란 무엇인가"에 관한 장대한 인간학적 고찰이자 "인간 이론"의 탐구이기도 하다. 동시에 다가올 미래의 "시민"으로, 그리고 "세계 시민"으로 이끌 "절대적으로 좋은" 교육을 탐구하는 정치학적 인간론이기도 할 것이다. 그것도 어디까지나 근원적 인간론인 셈이다.

루소에 따르면 아이는 "여자들"의 손을 떠나면 당연히 "아버지"가 교육해야 한다(당시 여자는 여성이 키워야 한다고 여겨졌다). 에밀은 남자이기 때문이다. 그것은 의무라고도 쓰여 있다(이미 언급했듯이 자신의 아이를 "버린" 것에 대한 암묵적 참회가 들어 있다). 하지만 원래 풍속이 부패한 "지금"의, 다시 말해서 당시 유럽 각국에 "아버지"의 자격을 갖춘 사람이 있기나 했을까.

거듭 말하지만 얼핏 보기에 목가적인 『에밀』은 너무나도 급진적이다. 루소는 아이를 "아버지"와 "어머니"에게서 완전히 떼어난다. 『에밀』에 "아버지"는 거의 등장하지 않는다.

이는 우리 현대의 독자에게도 강렬한 암시를 준다. 오늘날 우리는 교육에 대해, 아이에 대해, 인간에 대해 생각하는 사이에, 자기도 모르게 "아버지"와 "어머니"를 염두에 두지 않는가. 일전에 일본에서 "부모 뽑기親ガチャ"라는 말이 유행했는데, 우리는 사회와 아이의 관계를 생각한다고 말하면서, 왜 환경 요인이나 유전 요인 이전에 부모자식 관계에서 출발하지 않는 것일까?

그렇다면 대체 누가 아이를 교육해야 할까. 루소는 『사회계약론』에 나오는 "입법자"처럼 "젊고", "현명한",

"매우 우수한" 애타주의자인 교사라고 답한다. 현대의 어떤 교사와도 전혀 다른 가공의 존재로서의 교사. 루소는 놀랄 만한 말로 분명하게 이렇게 쓰고 있다. "에밀은 고아이다". 교사는 "아버지"와 "어머니"의 "의무"를 받아들이고 "모든 권리를 이양받는다".

그리고 이 계획에는 교사 이외에도 연기자와 같은 희소한 협력자가 여럿 필요하다. 또한 몇 가지 어려운 조건들이 충족되었다고 가정해야 한다. 가령 에밀은 "부유하고", 무엇보다 "씩씩하고 건강해야" 한다. 그러한 다양한 조건을 만족시키지 못하면 "절대적으로 좋은" 교육의 대상이 될 수 없다. 현대의 언어로 표현하면 에밀은 "뽑기"에 전부 "당첨된" 자이다.

이렇게 해서 루소는 에밀이라는 가공의 존재를 통해 이 현실 "사회" 속에서 "자연이 제시하는 길"을 하나하나 따라간다. 알다시피, 여기에서도 길은 좁고 험난하다. 하지만 **인간을 만든다는 것은 바로 이 좁고 험난한 길을 제시하는 것**이다. 아니, 길 없는 길이라고 해야 할까. 실제로 루소는 여기저기 여러 번 독자에

게 경고하고 "금지한다". "절대로……○○해서는 안 된
다", "한 번이라도……○○하면 교육의 성과가 전부
사라진다", "일단……○○하면 아이는 기필코 타락한
다", "……○○하지 않도록 세심한 주의를 기울여야 한
다"…….

재생의 시작

이러한 엄격함은『사회계약론』을 이해하는 데에 매우
중요하다. 부정한 현실 사회에서 "재생"을 꿈꾸기 위해
서는, 또 부정한 사회의 "재생"을 꿈꾸기 위해서는 진정
한 "시작"에서 출발해야 하지 않을까? 여기서 현재에
응용하면 좋을 것 같은 예를 하나 들어보려고 한다.

　앞에서 나는 루소가 종종 "아이의 발견자"로 칭송받
는다고 썼다. 하지만『에밀』에서 루소가 아이에게 내
린 정의는 그런 이미지와는 거리가 먼, 보다 대담한 것
이다. 아이는 어원적으로 언어 활동을 하지 못하는 상
태에 있는 존재이다. 그런데 루소는 그런 정의에 만족
하지 않고 한발 더 나아간다. 그러면서 아이는 여러 가

지가 "결여된" 존재라고 정의한다. 다시 말해서 아이는 "연약함", "취약성", "어리석음"이라는 특징을 가지고, "타자"에게 의지해서 겨우 존재하는 "아무개"에 **불과하다**는 것이다. "타자"란 누구인가. 최초의 "타자"는 바로 "어머니"이다.

종종 루소는 "모성"의 발명자로서 칭송받거나, 통렬히 비판받아왔다. 당시는 유모가 아이를 키우는 것이 일반적이었다. 그런데도 이 시기에 유럽의 상류 사회에서는 "모성"이 "유행하기" 시작했는데, 이것이 루소의 영향이라는 말도 있다.

그러나 여기에서 루소가 말하는 "어머니"는 그러한 성질이나 "본능"과는 전혀 무관하다. 법적 존재로서의 어머니도 아니고 생물학적 의미로서의 어머니도 아니다. 이는 어디까지나 아이가 최초로 "관계"를 맺는 존재로서 **끌려나온** "어머니"이다. 아니, **"어머니"가 되려는 사람**이다. 대체 그런 "어머니"를 어떻게 만들어내면 좋다는 말인가. 『에밀』에는 "파브르 초고"라고 불리는 버전이 남아 있는데, 이를 참조하면 루소가 이 문제를 철저히 생각했음을 알 수 있다. 악명 높은 "여성론"도 똑같이 읽어야 한다.

"재생"을 꿈꾸기 위해서는 진정한 "시작"에서 출발해야 한다.

여하튼 루소는 한 아이가 "타자"에 의지하여 겨우 존재하는 "아무개" 단계에서 출발하여, "정통성이라는 이름에 걸맞은 국가" 같은 어디에도 존재하지 않을 세계에서도 살 수 있는 "힘"을 기를 때까지 세밀하게 추적하려고 했던 것이다. 어디까지나 급진적으로.

다시 한번 말한다. 루소의 시도는 그 시대적 제약에도 불구하고 현재를 사는 우리에게 강렬한 자극을 준다. 인간에 대해서, 사회에 대해서, 국가에 대해서, 세계에 대해서 "지금, 여기"에서 생각할 때, 알게 모르게 우리가 사로잡혀 있는 사고의 틀을 의심하고 그 틀을 넘어서라, "자유롭게" 살아라. 이렇게 호소하는 것만 같다. 유럽연합이나 국제연합과 같은 여러 국가연합과 국제기구가 제대로 기능하지 않거나 "시작"부터 헛발질을 하고, "정통성의 이름에 걸맞은 국가"는 어디에도 존재하지 않지만, 그런 황야와 같은 세계에서도 "인간"의 "미래"를 생각할 수 있으니 희망을 버리지 말라고 말이다.

제4장

새로운 "삶"

몇 번이고 다시 태어나기 위해서

1. 죄악으로서의 "삶"

|『산에서 보내는 편지』

루소의 삶에 커다란 전환점이 찾아온다.

루소가 자신의 이름을 후세에 남기리라 믿어 의심치 않았던 『에밀』이 출간된 후, 파리 고등법원은 『에밀』을 금서로 지정하고 저자 루소에게 체포영장을 발부한다. 루소는 그를 비호하는 유력자의 도움으로 겨우 몸을 피한다. 루소가 시민으로서 자랑스러워했던 "조국" 제네바에서는 『에밀』만이 아니라 『사회계약론』까지 금서 처분을 받는다. 가는 곳마다 퇴거 명령을 받은 루소는 현재의 스위스 뇌샤텔의 모티에라는 작은 마을로 거처를 옮긴다. 이는 사상사와 출판의 역사에 길이 남을 엄청난 사건이지만 여전히 의문점이 많다.

이렇게 해서 루소는 글자 그대로 "고립된 사상가"로서의 삶을 살기 시작한다.

도망과 유랑

매일 도망 다니는 신세였지만 루소는 여전히 "대중"의 주목을 받았다. 적대자는 이때다 싶어 루소를 공격했지만, 그를 비호하는 열렬한 지지자들도 여전히 남아 있었다. 루소는 모티에의 풍요로운 자연 속에서 잠깐의 평온을 즐기기도 했지만, "기묘한" 사건이 계속 일어나면서 1765년에는 이 변경의 땅에서도 쫓겨난다. 이후 그는 여러 곳을 전전하다가 이듬해에 마침내 영국으로 건너가기로 결심한다. 그때 도움의 손길을 내민 사람이 이 시대를 대표하는 철학자 데이비드 흄David Hume(1711–1776)이다. 원래 루소와 흄은 사이가 좋았다.

하지만 루소가 차츰 흄을 파리의 과거 친구들이 계획한 "음모"의 가담자라고 의심하게 되고, 결국 두 사람은 결별한다. 이 일은 흄이 일련의 경위를 정리하여 소책자로 출간하면서 이 시기 사상계 최대의 스캔들이 된다. "흄 사건"이라고 불리는 이 사건을 루소는 "내 평생에 가장 잔인하고 끔찍한 사건"으로 묘사한다. 실제로 남아 있던 지지자와 친구들 대부분이 이 일을 계기로 그를 떠났다.

"음모", 그리고 "광기"

유죄 선고를 받은 후, 루소가 쓴 막대한 양의 편지에는 "음모"와 "박해"라는 주제가 빈번하게 등장한다. 지금도 루소를 따라다니는 "광기" 어린 이미지는 이때 탄생한 것이다. 확실히 이후 루소의 "삶"은 기이한 일화와 "광기"라는 말로 설명하고 싶어지는 이야기들로 가득하다.

1767년에 프랑스로 돌아온 루소는 아주 유력한 인물인 콩티 대공prince de Conti의 영지이자 파리 고등법원의 관할이 아닌 트리의 고성에 몸을 맡긴다. 하지만 그것도 잠시, 다시 여러 곳을 전전하다가 1770년 마침내 파리에서 살기 시작한다. 파리라고 해도 "가장 더러운" 지구였다. 그리고 1778년, 지지자 중 한 명인 지라르댕 후작René de Girardin이 제공한 에름농빌의 작은 집으로 거처를 옮기고 거기서 눈을 감는다.

"나"와 "작품"의 재생을 꿈꾸며

그 사이, 물론 루소는 생각하고 쓰는 것을 멈추지 않았다. 앞에서 말한 「피그말리온」과 『음악 사전』, 거기에 『에밀』의 속편, 또 차츰 새로운 "열정"이 된 식물학과 관련된 글을 썼다. 특히 식물학에 관한 글은 양과 질 모두 압도적이다.

정치 철학 영역에서는 의뢰를 받아 대국의 지배하에 혼란에 빠진 코르시카를 깊이 고찰하고, 1765년에 『코르시카 헌법 초안Projet de Constitution pour la Corse』이라는 글을 쓴다. 1771년에는 또다시 의뢰를 받아서 거의 무정부 상태에 빠져 있던 폴란드에 대한 장대한 『폴란드

정부론*Considérations sur le Gouvernement de Pologne*』을 썼다. 국가 존립의 정통성에 관한 이론적 탐구인 『사회계약론』과 이런 위기에 처한 현실 국가에 관한 고찰이 어떤 연관이 있는지에 대해서는 여전히 격렬한 논쟁이 계속되고 있다(가령 대표제, 세제, 대외 정책 등).

출판을 목적으로 쓰지 않은 글이 많이 포함된 이런 책들은 어느 것이나 매우 중요하다. 최근 몇 년간 많은 주목을 받았고 개별 연구도 많이 진행되었다. 이외에 흥미로운 소품도 몇 개 있다. 하지만 여기에서는 그것과는 다른 2개의 작품에 관해 생각해보고 싶다. 변명적 저작으로 통하는 작품이다.

첫 번째는 『보몽에게 보내는 편지*Lettre à Mgr De Beaumont Archevêque de Paris*』이다. 『에밀』로 유죄 판결을 받은 1762년 8월, 종교 권위자인 파리 대주교 크리스토프 드 보몽*Christophe de Beaumont*이 『에밀』을 오류로 가득한 위험한 책이라고 "단죄하는" "교서"를 공표했다. 루소의 철학과 "철학자" 루소를 단죄한 것이다. 이에 대해 자신을 변호하고, 변명하기 위해서 루소가 집필하고 1763년에 출판한 것이 『보몽에게 보내는 편지』이다. 이 책은 변명으로 국가에 의해 왜곡된 "정의"를 되돌리겠다는 커다란 의미를 담았다. 과대망상이건 아니건 간에 그의 생애가 정치 문제로 비화된 것이다.

　다른 한 작품은 1764년에 출간된 『산에서 쓴 편지 *Lettres Écrites de la Montagne*』이다. 이 책은 집필 상황, 내용 모두 아주 복잡하다. 제네바 정부가 『에밀』과 『사회계약론』에 대해 "국가의 종교와 정부의 전복을 꾀하는 위험한 서적"으로 유죄를 선고하자, 루소는 1763년에 제네바 시민권을 포기한다. 『산에서 쓴 편지』는 과거 제네바 시민이었던 루소가 제네바 종교와 정치에 관해서 철학적으로 고찰한 글이다. "종교", "자유", "정의"에 관해 종합적으로 해석한 저작으로 일컬어지기도 한다. 볼테르와 같은 적대자는 이 글을 바탕으로 루소가 "소란의 선동자"라는 이미지를 만들어냈는데, 이는 이 작품이 제네바의 "내정"을 아주 비판적으로 검토한 글임을 방증한다.

바른 해석?

그러나 주목했으면 하는 것은 루소가 이러한 변명적 저작, 논쟁적 저작을 통해서 그 자신, 즉 루소라는 인물의 "삶"과 그 작품, 그 집필 활동에 관한 종합적인 해석을 제시하기 시작했다는 점이다. 보몽과 제네바 정부는 지금까지의 자신의 저작들을 잘못 해석했고, 그러니 바른 해석을 제시하려고 한다는 것이다.

이 지점에서 우리 현대의 독자들은 괜히 트집을 잡고 싶어진다. 어차피 해석이니까 옳고 그름 따위는 없지 않은가. 유일하게 바른 해석을 제시한다니 독자에게 생각할 자유를 빼앗는 것은 아닌가. 그런데 이 무모한 시도는 의외로 현대적이다. "대중"을 앞에 두고 권력자나 강자에게 이의를 제기함으로써 그 "대중"에게 호소하려는 시도이기 때문이다. 책과 간행물이라는 당시의 강력한 미디어를 이용해서 말이다.

『루소, 장-자크를 심판하다』라는 특이한 작품

"서문"에서 나는 루소의 저작은 읽으면 무수한 의문이

차례로 떠오르게 **구성되었고** 그 의문에 루소 자신이 답을 내놓기도 한다고 썼다. 그렇다, 루소는 유죄 판결을 계기로 미디어를 이용하여 "대중"을 상대로 루소라는 한 인간, 그 작품, 그 저자에 관한(그가 말하는) 잘못된 해석을 부정하면서 올바른 해석을 공표하기 시작했다. 왜곡된 작품을 되살리고 작가의 잃어버린 명예를 되찾기 위해서. 왜곡된 이미지에 대항하여 진정한 이미지, 실상을 보여주기 위해서 말이다.

작가와 작품을 소생시키려는 시도는 루소가 사후에 출판될 것을 의도하고 쓴 자전적 작품에서도 그대로 이어진다. 1770년에 파리로 돌아온 루소는 『루소, 장-자크를 심판하다*Rousseau Juge de Jean-Jacques*』라는 장대하고도 특이한 저작을 집필했다. 종종 "박해"와 "음모"를 둘러싼 피해망상의 산물, "광기"의 작품이라며 외면당하는 저작이다. 하지만 이 책에서 루소는 자신의 사상 체계를 멋지게 설명했다. 아니, 새로운 철학 체계를 완성했다고 해야 할까.

20세기에 이루어진 루소 해석의 출발점의 하나로, 독

일 출신의 철학자 에른스트 카시러Ernst Cassirer(1874-1945)의 「장-자크 루소 문제Das Problem Jean Jacques Rousseau」(1932)라는 논문이 있다. 이 논문은 바로 『루소, 장-자크를 심판하다』에서 루소가 제시한 철학 체계에 기초하여 루소의 저작, 즉 우리가 지금까지 살펴본 주요 저작들을 다시 읽고, 그것들이 서로 구별되지 않고 연결되어 있음을 보여주려고 했다.

거듭 말하지만 루소의 저작과 그의 생애는 무수한 해석이 가능하다. 읽을 때마다 수수께끼와 의문에 부딪힌다. 기묘하게도 독자는 그럴 때마다 루소가 제시한 해석본을 먼저 참조한다. 그럴 수밖에 없게 구성되어 있다. 이는 루소 읽기에서 매우 이상하지만 중요한 점이다.

2. "자서전" 인간학

|『고백』, 그리고 『고독한 산책자의 몽상』

루소의 후기 작품으로 가장 유명한 것은 누가 뭐라고

해도 『고백』일 것이다. "자서전"의 최고 걸작으로 손꼽히는 저작이다. 하지만 『고백』을 단순히 "자서전", "자신의 성장, 자기 형성, 경력을 자신이 직접, 있는 그대로 쓴 저작"이라고 생각하면 이 다면적인 저작을 크게 왜곡하는 셈이 된다. 원래 긴 구상, 집필 기간을 거쳐 완성한 저작이어서 다양성으로 가득할 수밖에 없다. 여기에서는 3부가 예정되어 있었으나 2부로 끝난 『고백』이 가진 두 가지 측면을 생각해보려고 한다.

무엇을 위해 "자전"을 쓰는 것일까?
― "자기"를 아는 방법

『고백』에는 「뇌샤텔 초고*Préambule du Manuscrit de Neuchâtel*」라고 하는 특정 단계의 원고가 남아 있다. 거기에는 놀랄 만한 철학적 계획이 담겨 있다. 루소는 이렇게 묻는다. 어떻게 하면 "자기"를 알 수 있을까? 어떻게 하면 "타자"를 알 수 있을까? 루소에 따르면 이때 "자기"와 "타자"의 "비교"가 필요하다. 하지만 자신이 안다고 생각하는 "타자"는 자신을 투영한 환영에 불과할지 모른다. 그래서 루소는 "자기"를 그 "내면"에서 있는 그대로 드러내 보임으로써 "인간의 인식에서 독자가 한발 더 나아갈 수 있게 결의했다"라고 쓴다. 독자가 『고백』을 통해서 "자기인식"에 필요한 "타자"를 비로소 알 수 있다는 것이다.

현대의 독자는 여기에서도 실소를 금할 수 없을 것이다. 오늘날, 도대체 누가 "자기"를 있는 그대로 드러내려고 한다는 말인가. 그것이야말로 환영이 아닐까? 오히려 "자기"에게서 멀어지거나 축적된 방대한 데이터를 참조해야 자신에게 더 가까워지지 않을까?

물론 이 계획은 루소 시대에나 가능한 일이었다. 이 시대에만 볼 수 있는 고유한 사고법의 산물이라고 할 수 있다. 하지만 그래서 여전히 귀중한 계획인 것이다. 루소는 "지금까지 전례가 없던 일, 앞으로도 모방하여 실행에 옮길 사람이 없을 일"이라고 썼는데, 정말로 그렇게 된 셈이다. 이 책은 루소 이전의 수많은 시도와도, 이후에 나온 어떤 작가의 "자서전"이나 사상가의 "자기 분석"과도 다르다. 루소는 "타자"와 "자기"에 대해 철저하게 사고하고 "타자" 중에 가장 "타자"인 "자기"를 그리려고 했기 때문이다. 그래서 더욱 "나"에 대해 생각하기 위한 필독서로 꾸준히 읽힌 것이다. 먼저 루소의 시도를 따라가보자.

혁신적 방법
― "새로운 언어"의 창출

여러 번 확인한 바와 같이, "인간의 인식", "인간에 대한 지식", "인간 이론"은 루소 사상의 본질 중 하나였다. 인간이란 무엇인가, 그 탐구를 『고백』에서는 장-자크 루소라는 현실의 인물을 바탕으로 하겠다는 것이다. 루소는 이렇게 단호히 말했다. "이 책은 결단코 철학자들에게 값어치를 매길 수 없는 귀한 책이 될 것이다."

당연히 지금까지 활용했던 다양한 "방법들"이 비판적으로, 부분적으로 총동원된다. 『인간 불평등 기원론』에서 인류사를 고찰하기 위해서 사용되었던 "방법"이 한 인간의 역사를 그리기 위해 이용되었다. 『에밀』이나 『언어 기원에 관한 시론』에서 다듬어진 "감각", "욕구",

"필요", "기억", "인상" 같은 철학 개념이 한 인간의 형성을 그리기 위해 교묘하게 적용되었다. 특히 자신의 "성"을 둘러싼 고찰은 압도적이다.

물론, 아버지로부터 버림받고 가정 교사도 없이 방랑과 몰락을 경험했던 현실의 인간 역사를 더듬어간 것이기 때문에, 이 분석과 기술에는 새로운 "방법"이 필요했다. 아무것도 아닌 사건에 상징적인 의미가 부여되었고, 무명의 인물이 특별한 역할을 연기하게 되었다. "역사"는 "이야기"이기도 하다. 아니, "이야기"가 될 수밖에 없다. 루소는 그것을 분명하게 인식하고 있었다. 그래서 당연히 때로는 남아 있는 사료의 사실과는 전혀 다른 사실이 전해지기도 했다. 그럼에도 독자는 "역사"에 휩쓸려서 저항하지 못한다. 그것이 바로 "이야기"이기 때문이다.

그 "방법"의 일부를 이루는 것이 루소가 말하는 "새로운 언어"의 창조일 것이다. 『학문과 예술에 대하여』이래, 루소는 탁월한 "웅변"으로 독자의 마음을 사로잡았다. 『신 엘로이즈』에서는 진정한 고통과 기쁨을 재현하여 독자의 마음까지 바꿔버릴 정도로 독자를 매료시켰다. 그런 "문체"의 마술사가 『고백』을 위해서 "새로운 언어"를 창조하려고 한 것이다. 비열한 행위, 선량한 행위, 야만적인 감정, 천박한 감정, 그 혼돈 속에서 하나의 기묘한 "집합체"(현대식으로 말하면 성체성)를 드러내게 하는 참신한 말. 글을 쓰는 자신의 감정까지 세밀하게 그려내는 언어.

루소의 계획은 어디까지 성공했는가, 물론 그것은 독자가 판단해야 할 몫이다. 하지만 이러한 개념은 우리의 상식적 "자기"와 "정체성"에 대한 사고를 흔들어서 귀중하고 참신한 관점을 제공한다.

"계몽 시대의 비판자"

앞에서 말한 것처럼, 오랜 구상과 집필 기간을 거친 이 기획은 당연히 시간과 상황에 따라 그 형태가 조금씩 달라졌다. 1769년쯤에 집중적으로 쓰인 『고백』 제2부는 "박해"와 "음모"를 주제로 이야기가 어둡게 전개되어 일찍이 표명했던 철학적 계획을 완전히 포기한 듯이 보인다.

그러나 파리로 돌아온 루소가 프랑스 계몽 사회에서 겪은 기구한 운명이 담긴 이 제2부도 제1부와는 다른 의미로 압도적인 "역사"이며, 계몽 사회에 관해 그 유례를 찾아볼 수 없는 이야기이다.

제1부에서 이미 농부와 같은 극빈자를 포함한 다양한 신분의 사람들이 그려지는데, 제2부에서도 전혀 다른 신분의 사람들과 맺은 교류가 펼쳐진다. 이미 언급한 학자, 문인, 음악가, 예술가, 재인才人, 유복한 징세청부인, 성직자, 귀족, 최상위 귀족 같은 인물들이다. 이름은 구체적으로 말할 수 없지만 추종자, 더부살이, 게으름뱅이, 방탕자, 창녀, 대도시에 사는 가난한 일반인들도 등장한다. 그리고 루소는 단순히 그들만 그린 것이 아니라 그 관계, 연대, 결탁, 대립, 종속관계, 경쟁관계, 정치적 거래, 사회 구조까지 그려내려고 했다. 그렇다. 『고백』제2부는 바로 계몽 사회, 즉 당시의 "지식인 사회", 문학계, 사교계, 그 주변을 사회학적으로 정밀하게 분석하고 있다. "사회", "장"을 정말로 훌륭하게 분

석했다. 물론 루소의 입장에서 유리하게 이루어진 "편향된" 분석이기는 하지만 말이다.

대체 어떻게 그런 분석이 가능했을까? 이것도 이미 본 것처럼 루소가 "지식인"으로서 정당한 입장을 모색한 데에서 비롯된다. 그는 사유하기 위한 조건, 철학하기 위한 조건으로 "자유"와 "독립"을 추구하려고 했다. 과대망상인지 아닌지는 전혀 문제가 되지 않는다. 그런 존재로서 자신을 자리매김해야만 비로소 가능한 분석이다.

"진리를 위해 생명을 바친다." 이는 고대 로마의 시인 유베날리스Iuvenalis가 했던 말로, 루소의 좌우명이었다. 진리를 탐구한다면 진리를 탐구하기에 적합한 조건을 탐구할 필요도 있을 것이다. 그리고 루소는 그러한 진리의 탐구자, 즉 정당한 지식인의 출현을 방해하는 것이 "지금"의 제도를 지키려는 기득권자, 즉 비호자인 권력자와 부자와 그들에게 기생하는 지식인이라고 보았다. 그들의 "박해"와 "음모"……. 따라서 루소는 자신의 사상을, 그리고 자신을 "자기개혁" 할 수밖에 없었다고 말한다. "**계몽시대의 비판자**"는 당연히 "박해"를 받게 되어 있다면서 말이다. 그리고 기꺼이 "박해받는 진리의 탐구자"로서 자신을 묘사한다.

물론 여기서 말한 사실이 남아 있는 사료에서 드러난 사실과 전혀 다를 때도 있다. 하지만『고백』제2부는 그것을 비판하든 조건부로 받아들이든 계몽 사회의 "지식인 사회"에 대해, 그리고 당시의 초불평등 사회에 대해 생각하려면 반드시 참조해야 하는 "개괄"이 되었다.

한 번 더 말하면, 루소는 자신의 경험을 끊임없이 참조하는 작업(자기 객관화)에서 출발하여 분석의 대상으로 삼으려고 했다. 그는 "지금, 여기"를 사는 우리가, 현대를 사는 우리가 사회, 정치, 교육, 인간에 대해 생각하려고 할 때, 그 기반이 되는 "상식"을 흔들어버린다.

『고독한 산책자의 몽상』
― 새로운 지평으로

『고백』다음으로『루소, 장-자크를 심판하다』가 나오면서 루소의 변명은 계속된다. 다만 이미 살펴본 바와 같이 이 변명은 자신을 예로 든 "인간 인식"을 하려는 시도와 불가분의 관계였다. 그리고 그 마지막이 바로『고독한 산책자의 몽상 *Les Rêveries du Promeneur Solitaire*』이라는 미완의 저작이다. 낭만적으로 느껴지는 제목은 후에 편집자가 멋대로 붙인 것이다. 애초에 작품이라고 할 수 있는지조차 의심스럽다. 분명한 것은『고백』,『루소, 장-자크를 심판하다』와는 다른 지평에서 쓰인 글이라는 점이다.

  "이렇게 해서 나는 이 땅에 혼자 남게 되었고 나 자신 외에는 이제 더 이상 형제도, 가까운 사람도, 친구도, 친하게 지내는 사람도 없게 되었다." 이렇게 시작되는『고독한 산책자의 몽상』에서 루소는 이제 자기를 변명하기 위해서 자신의 진정한 모습, 실상을 보여주려는 의도도 없으며 이제 후세에 명예를 회복하겠다는 희망도 없다고 말한다. 사회와 "정치", "타자"가 어떻게 되든 자신은 상관없다는 것이다. "이 땅에서는 모든 것이 끝났다." 그러한 지점에서 "자기 자신을 탐구하는" 새로운 작업이 시작된 것이다. "자신의 영혼"에 기압계를 대고 그 상태를 조사하되, 체계화된 작업은 전혀 하지 않는 식으로 말이다. 루소는 일찍이 『학문과 예술에 대하여』에서 절대적 권위로 늘 참조했던 몽테뉴의 『수상록 Les Essais』을 『고백』의 구상 단계에서부터 완전히 부정했는데, 이로써 『고독한 산책자의 몽상』도 몽테뉴에 반하는 시도로 자리하게 된다(그래도 역시 『수상록』과 아주 가깝다).

따라서 체계적이지 않은 "작품" 『고독한 산책자의 몽상』은 새로운 "인간 이론"이기도 하다. 『고백』과는 다른 방식으로 자기를 인식하려는 시도라고 할까? 루소는 "네 번째 산책"에서 "델포이의 [아폴론] 신전의 '너 자신을 알라', 『고백』을 쓸 때 생각했던 것만큼 쉽게 따라 할 수 있는 격률이 아니라는 생각을 더욱 굳혔다"라고 썼다. 루소는 고대 그리스의 델포이 아폴론 신전에 새겨진 격언을 다시 읽고 자신의 격률, 자신의 인간학을 상징하는 말로 삼은 바 있었다. 그는 이를 염두에 두고 이 세상의 모든 것에서 단절된 지금, 다음과 같은 질문을 던진다. "나는 누구인가."

그리고 이제 이런 상황에 놓인 "나"만의 새로운 인간 탐구가 시작된다. 지금까지 살펴본 저작에서 비판적으로 이용되었던 "감각", "자기애", "자아", "존재", "시간", "지속", "기억" 같은 개념을 다시 도입하여 새로운 유아론을 펼쳐나가는 것이다.

"재생"으로의 길

물론 "인간 이론"은 『고독한 산책자의 몽상』의 한 측면에 불과하다. "이 땅에서 혼자"가 되었다고 쓰기는 했지만, 루소의 고찰에는 역시 수많은 인물, "타자"가 등장한다. "적"이나 "박해자"는 이제 어떻게 되어도 상관없다고 썼음에도 특히 전반에서는 그들을 자주 언급한다. "음모"는 강박관념처럼 계속된다. 이외에도 여러 삽화가 등장한다. 『고백』에서 남김없이 털어놓았다고 생각했던 바랑 부인과의 관계도 한번 더 고찰한다. 그중에서도 가장 유명한 삽화는 실제로 있었던 한 사건에 대한 묘사이다.

1776년 10월 24일 루소가 파리 북동부의 언덕을 내려

가고 있을 때, 갑자기 달려온 커다란 덴마크 개가 루소를 덮쳤다. 루소는 바닥에 쓰러져서 의식을 잃었다. 얼마 후 의식이 돌아오자 밤하늘과 별들과 나무들의 초록이 눈에 들어왔다. 그 "감각"이 자신의 "존재"의 전부였다. "나는 그 순간에 다시 태어났고 눈에 보이는 모든 것들로 나의 연약한 부분을 채워가는 것 같았다." 과거와 미래와 단절된 채, 절대적인 "순간"인 "현재"를 사는 나? 그렇다면 『고독한 산책자의 몽상』은 상징적인 "죽음" 이후의 "나"에 관한 탐구인 것일까? 루소는 글을 써서 다시 태어나려고 한 것일까?

『고독한 산책자의 몽상』에 나오는 인간에 대한 고찰, 괴로움, 덧없는 기쁨, 과거의 괴로운 추억, 새로운 발견에 대한 기술. 루소는 이전에는 아직 부정적인 의미를 가졌던 "몽상"이라는 말에 완전히 새로운 의미를 부여하고 그 "몽상"에 몰두한다. 아니, 몰두하는 자신의 모습을 그린다. 시간과 공간을 지우고 "순간"을 살 수 있게 하는 그런 "몽상"이 자연 그대로의 인간 장-자크 루소를 비추는 거울이 되는 것이다.

절망 속에서 살아가기 위해

이 수수께끼 같은 글을 도대체 현재에 어떻게 적용해야 할까? 한 가지 과정을 보여주겠다.

오늘날 고독이나 고립이 사회 문제나 정치 문제로 거론되는 경우가 많다. 몽상도 오늘날 일어나는 현상과 비슷해 보인다. 하지만 앞에서 설명한 바와 같이 루소가 말하는 고독과 "몽상"은 우리가 아는 것과는 전혀 다르다. 원래 이 유명 인사는 마음만 먹으면 누구와도 인연을 맺을 수 있고 보호를 받을 수 있는 특권적 위치에 있었다.

그러나 루소는 일부러 절망적인 상황을 설정하고 완전한 "부조리"에서 출발하여 새로운 "삶"을 생각하도록 자신을 극한까지 밀어붙였다. 그런 의미에서『고독한 산책자의 몽상』은 1778년에 눈을 감은 루소의 미완의 문학적, 철학적 유언이 아니라 새로운 삶의 탐구라고 할 수 있다. 그저 우연인지도 모른다. 그러나 이 탐구, 즉 앞에서 말한 의미에서의 "몽상"은 "슬픈 몽상"을 극복하는 유일한 방법이다. 그리고 그것은 원초적 감

각 속에서 자기의 존재를 향유할 수 있다는 것을 작가

인 루소에게 가르쳐준다.

나가는 글

무슨 이런 기묘한 인물이 다 있나. 방랑 생활을 하며 온 갖 좌절과 실패를 경험한 후에 독학으로 파리의 지식인 사회에 진출하려고 시행착오를 거듭하다가 마침내 프랑스에서 가장 유명한 작가가 된다. 하지만 상류 사회 의 총아가 되자마자 그 사회의 기만과 부정을 폭로하고 자신이 펼친 사상을 실생활에서 실천하려고 한다. 격렬한 논쟁과 대립, 그리고 금서 처분. 이어지는 "광기"? 그래도 그는 글쓰기를 멈추지 않았다. 마치 그것이 "삶"의 유일한 원동력이기라도 한 듯이.

그런 가운데 쓰인 다양한 저작들은 전부 그의 인생

못지않게 특이한 것들뿐이다. 전부라고 할 수는 없지만, 그 대부분이 현재를 사는 우리에게도 강렬한 자극을 준다. 이 책에서 확인한 바와 같이, 그의 저작이 우리에게 사고의 틀 자체를 의심하라고 호소하기 때문이다. 자유롭게 사고하라고, 그리고 그러기 위해서 자유로운 생각이란 무엇인지를 생각하라고. 그의 책은 우리로 하여금 급진적으로 사고하도록, 근원에서 생각하도록 촉구한다. 쉽지 않은 일이다. 하지만 아주 중요한 일임을 알 수 있다.

그런 그의 작품의 또다른 매력은 다양한 장르, 영역을 넘나든다는 점이다. 그것들은 정치, 철학, 소설, 문학, 경제, 종교, 교육, 음악, 예술 같은 다양한 "지식" 분야에 걸쳐 있다. 모든 작품이 밀접하게 관련되어 있고 서로 불가분의 관계이다. 무엇이든 좋으니 두 권 이상의 저작을 읽어보기를 바란다. 그 작품들이 서로 긴밀하게 연결되어 있음을 바로 알게 될 것이다. 그렇게 읽다가 루소의 의도에 넘어갈 수도 있겠다는 생각이 들지도 모른다. 맞는 말이다. 하지만 뜻밖의 발견도 있다.

지금, 여기에서 생각하려고 하는 자신의 시야가 너무 좁지는 않은가, 제도와 기술로 인해서 관심사가 너무 좁아지지 않았는가를 깨닫게 되는 것이다.

21세기를 사는 우리에게 세계를 거시적으로 파악하려는 "종합적인 지식"은 불가능할 뿐만 아니라 위험하기도 하다. 그런 것을 목표로 삼으라는 말이 아니다. 그저 "자유롭게" 살라고 호소하는 루소의 말에 반응하면 되는 것이다. "자유롭게" 살기 위해. "자유롭게" 살기 위해 위험을 무릅쓰라는 그의 말에 말이다.

이 책의 초고는 2021년 봄에 완성되었으나 여러 가지 사정들 탓에 출간이 상당히 미뤄졌다. 지금이라면 전혀 다르게 썼을 것이다. 국제정세도 국내정세도 격변하여 사람들의 관심사가 크게 달라졌기 때문이다. 불과 몇 년 사이에 루소 연구에도 변화가 생겼다. 다만, 글 쓰는 형식은 달라졌어도 내용은 크게 달라지지 않았다고 생각한다. 루소의 작품은 그 정도 변화에는 꿈쩍도 하지 않는 "묵직함"이 있기 때문이다.

이 기획의 성격상, 작품 해설의 중심에는 현재 국제적으로 가장 표준적인 해석을 두기로 했다. 이를 위해 유럽과 미국의 무수한 계몽서와 입문서, 문고 해설 등을 참고했으나 지면 관계상 제목은 적지 않았다. 또 루소의 저작과 서간문에서 인용한 글도 어수선함을 피하기 위해서 쪽수를 적지 않았다.

이 책의 편집은 특별히 바쁜 학술도서 편집부 편집장 다가이 모리오 씨가 담당해주었다. 존경해 마지않는 다가이 씨의 지도와 "보살핌"이 없었더라면 이 책은 나오지 않았을 것이다. 진심으로 감사드린다.

2023년 3월

구와세 쇼지로

더 읽어볼 만한 책

루소의 사상에 접근하기 위해서는 "맺음말"에서 말했 듯 어느 책이든 좋으니 두 권 이상의 저작을 읽어야 한 다. 가능하면 비슷한 장르의 책이 좋다.

『에밀』(1762)

루소 스스로 주된 저서라고 말하는 책, 처음으로 루소 를 읽는 사람에게 추천하고 싶다. 플라톤의 『국가』에 필 적하는 교육론이라고 말할 수도 있지만, 『국가』 이상으 로 여러 요소—철학, 법학, 문학, 정치학, 젠더론, 경제 학, 사회학, 정신분석적 요소가 포함되어 있다.

『사회계약론』(1762)

정치 철학의 영역에서 가장 중요한 책이지만 이 한 권만 읽어서는 아무것도 알 수 없다. 불필요한 부분을 전부 쳐낸 듯한 책이기 때문이다. 우선 『에밀』과 함께 읽기를 추천한다.

『고백』(1782)

사실 이 책부터 시작해야 한다. 루소의 사상의 총괄로 구상되었기 때문이다. 실제로는 총괄을 넘어선 새로운 인간론이 완성되었다. 루소라는 인물, 그가 살았던 시대와 사회, 사상 형성, 작품의 집필 상황과 그 관련성을 이해하기 위해, 즉 루소의 사상의 본질을 파악하기 위해 반드시 읽어야 하는 책이다.

『인간 불평등 기원론』(1754)

불평등과 평등에 대해서는 최근 무수히 많은 책이 쓰였다. 그래서 이 책을 대충 읽으면 낡고 단순한 사고가 전개되는 것처럼 느껴진다. 굳이 역주가 많이 달려 읽기 힘든 번역서에 도전해보기 바란다. 루소가 참조하고 자기 것으로 만든 책, 반박하려고 했던 학설을 알 수 있기 때문이다. 거기에서 고금의 철학자들과 씨름하는 루소의 모습을 볼 수 있다.

『신 엘로이즈』(1761)

세기의 베스트셀러가 된 서간체 소설. 현대의 독자들은 그 장황함에 놀라겠지만 꼭 끝까지 읽어보기 바란다. 루소의 사상이 전부 들어가 있어 주요 저작을 이해하기 위해서는 이 책을 반드시 읽고 넘어가야 한다.

『언어 기원에 관한 시론』(1781)

언어를 끊임없이 고찰한 루소의 언어론. 놀랍도록 짧지만 주요 저작을 이해하는 데에 매우 중요한 논고이다.

『공연에 관하여 달랑베르에게 보내는 편지』(1758)

조국 제네바와 연극, 스펙터클에 관해 특별히 고찰한다. 오늘날에도 "미메시스", "카타르시스", "공동체"라는 개념에 대해 생각해보고 싶다면 꼭 읽어야 할 중요한 책이다.

『고독한 산책자의 몽상』(1782)

말년의 루소의 사고를 알 수 있는 결정적인 텍스트. 최근의 연구를 통해 우리가 알고 있는 것과는 전혀 다른 텍스트임을 알게 되었다.

『학문과 예술에 대하여』(1750)

실질적인 루소의 데뷔작. 이 책에는 출간 후 격렬한 논쟁 속에 쓰인 반론이 들어 있어, 그의 사고가 점점 진화하는 과정을 추적할 수 있다.